DEFENS

Monique Audet

LES ARTISANS DE LA LUMIÈRE

Histoire de la Fraternité interprovinciale des ouvriers en électricité

SEPTENTRION

Pour effectuer une recherche libre par mot-clé à l'intérieur de cet ouvrage,
rendez-vous sur notre site Internet au www.septentrion.qc.ca

Les éditions du Septentrion remercient le Conseil des Arts du Canada et la Société de développement des entreprises culturelles du Québec (SODEC) pour le soutien accordé à leur programme d'édition, ainsi que le gouvernement du Québec pour son Programme de crédit d'impôt pour l'édition de livres.

Financé par le gouvernement du Canada | Canada

Illustration de couverture: Employés de la Gatineau Power Co. entre 1900 et 1930.
Archives d'hydro-Québec, Fonds Gatineau power Co. (F6).
Édition: Marie-Michèle Rheault
Révision: Oculus révision
Mise en pages et maquette de la couverture: Pierre-Louis Cauchon

Si vous désirez être tenu au courant des publications
des ÉDITIONS DU SEPTENTRION
vous pouvez nous écrire par courrier,
par courriel à sept@septentrion.qc.ca,
ou consulter notre catalogue sur Internet:
www.septentrion.qc.ca

835, avenue Turnbull
Québec (Québec)
G1R 2X4

Dépôt légal:
Bibliothèque et Archives
nationales du Québec, 2018
ISBN papier: 978-2-89448-952-9
ISBN PDF: 978-2-89664-953-6

Diffusion au Canada:
Diffusion Dimedia
539, boul. Lebeau
Saint-Laurent (Québec)
H4N 1S2

Ventes en Europe:
Distribution du Nouveau Monde
30, rue Gay-Lussac
75005 Paris

Si la FIPOE a un quart de siècle, il ne faut toutefois pas oublier que l'histoire du syndicalisme chez les électriciens québécois est une histoire centenaire, ce qui fait d'eux des pionniers et des bâtisseurs du mouvement ouvrier au pays du Québec.

Clément Godbout et Henri Massé
Président et secrétaire général de la FTQ, 1997
Programme souvenir du 25e anniversaire

Liste des sigles

AECQ	Association des entrepreneurs en construction du Québec
AFL	American Federation of Labor
CCMTM	Conseil central des métiers et du travail de Montréal
CCQ	Commission de la construction du Québec
CIO	Congress of Industrial Organizations
CPQMC	Conseil provincial du Québec des métiers de la construction
CSD	Centrale des sydicats démocratiques
CSN	Confédération des syndicats nationaux
CTC	Congrès du travail du Canada
FIOE	Fraternité internationale des ouvriers en électricité
FIPOE	Fraternité interprovinciale des ouvriers en électricité
FPTQ	Fédération provinciale du travail du Québec
FTQ	Fédération des travailleurs et travailleuses du Québec
IBEW	International Brotherhood of Electrical Workers
NBEW	National Brotherhood of Electrical Workers
OCQ	Office de la construction du Québec
SQC	Syndicat québécois de la construction

Présentation

« Il faut savoir d'où l'on vient pour comprendre où l'on va. »

Chaque fois que j'ai lu ou entendu cette expression, je me suis senti interpellé. Et quand j'ai été élu à la direction de la FIPOE, je me suis dit qu'il fallait absolument réaliser un rêve que plusieurs avaient eu avant moi, celui de connaître l'histoire de notre syndicat.

Cette histoire a de profondes racines dans le temps. Elle remonte à loin et, à la blague, j'ai déjà dit à un jeune apprenti que notre syndicat était tellement vieux que, lorsque Dieu créa le monde et cria « Que la lumière soit », c'est un gars de la FIPOE qui est arrivé ! Sans exagération, il nous faudra remonter au 19e siècle…

Les scientifiques et les spécialistes des questions énergétiques disent de l'électricité qu'elle est une « énergie noble ». On peut dire de notre côté que ceux qui en ont fait leur gagne-pain pratiquent un « noble métier », dont ils tirent une fierté méritée.

Jamais n'a-t-on connu autant d'avancées techniques et scientifiques que lors du siècle dernier. Ces avancées n'auraient jamais vu le jour sans la maîtrise de cette source d'énergie qu'est l'électricité. Partout dans le monde, le droit à l'énergie s'impose comme un droit humain fondamental. Les précurseurs et les ouvriers en électricité ont été les véritables artisans de la lumière. Pas juste la lumière qui illumine votre foyer, mais aussi celle du savoir, qui éclaire le chemin du progrès vers un monde meilleur.

Cette histoire de la FIPOE, c'est un peu et beaucoup l'histoire du Québec. Jamais un pays n'a autant vu son développement aussi intimement lié à l'électricité. Nous n'avons connu qu'une révolution, bien tranquille, mais ce bond en avant vers la modernité n'a pu être réalisé que grâce à cette richesse collective qu'apporta la nationalisation de cette magnifique ressource, pour laquelle les ouvriers de l'électricité se sont battus.

Les bétonnières remplacèrent les castors et les monteurs de lignes firent figure de véritables coureurs des bois modernes dans la forêt nordique québécoise.

Nous avons tenu montrer que l'histoire du syndicalisme ouvrier dans les métiers de l'électricité remonte à bien avant la naissance de notre Fraternité interprovinciale des ouvriers en électricité, car on ne peut garder sous silence notre affiliation à un syndicat ayant sa maison mère aux États-Unis. Mais nous pouvons être fiers d'avoir appartenu au mouvement qui a amené les membres québécois vers une pleine autonomie de fonctionnement et de décision.

Je suis fier de présenter à nos membres le récit historique de près de 125 ans de militantisme, allant de la section locale 568 de l'International Brotherhood of Electrical Workers au début des années 1900 jusqu'à la création de la FIPOE, en 1972, et à la célébration, aujourd'hui, du 45e anniversaire de notre organisation bien québécoise, tissée serrée.

Après la lecture de ce récit, j'en suis convaincu, nous tous, ensemble, comprendrons mieux le destin de la FIPOE et le rôle qu'elle a à jouer au sein de la grande famille de la FTQ et de la société québécoise.

Après tout, quand on sait d'où l'on vient, on sait où l'on va.

Je tiens à remercier chaleureusement Monique Audet à qui nous devons ce récit passionnant de notre histoire ainsi que tous ceux et celles qui lui ont donné un bon coup de main.

Bonne lecture !

Arnold Guérin
Directeur général de la FIPOE

AVANT-PROPOS

La FIPOE : histoire d'un long parcours vers la liberté et la représentativité syndicales

FAITES N'IMPORTE QUELLE RECHERCHE sur l'histoire de l'électricité au Québec, vous tomberez sur un schéma unique, découpant en trois grandes phases l'évolution de cette source d'énergie de premier plan. La première constitue celle des balbutiements d'une industrie désordonnée bientôt vouée à un grand avenir. La deuxième est celle de la nationalisation de l'électricité et de la création d'Hydro-Québec, annonciatrice de l'ère des grands projets énergétiques. La troisième, enfin, correspond à la conquête de nouveaux marchés pour le développement d'énergies vertes et renouvelables.

Il est certes nécessaire de connaître ces trois phases, qui ont impliqué une concurrence économique acerbe entre les entreprises présentes sur ce marché prometteur ainsi qu'une lutte politique d'envergure entre les partisans de la nationalisation de l'électricité et ceux voués à la défense de l'entreprise privée. Les bibliothèques et Internet regorgent de textes sur ces moments charnières.

Une histoire syndicale très peu documentée

Mais si vous cherchez à retracer le rôle incontournable joué par les artisans de cette nouvelle industrie, les ouvriers québécois de l'électricité, votre périple sera de courte durée. Hormis quelques écrits syndicaux, la plupart provenant de l'International Brotherhood of Electrical Workers (IBEW) ou de ses sections locales, la littérature fait piètre figure. La formation, en 1972, de la Fraternité interprovinciale des ouvriers en électricité (FIPOE), née d'une scission d'avec l'IBEW, a changé le cours de l'histoire syndicale de ces milliers d'hommes et de femmes qui ont contribué à forger le Québec d'aujourd'hui, avec son électrification à grande échelle, ses grands barrages, ses gratte-ciel illuminés, ses structures industrielles modernes et sa technologie de pointe.

Il reste toutefois que la FIPOE n'est pas le fruit d'une génération spontanée. Sa fondation est le résultat direct d'une action syndicale qui trouve ses sources à la fin du 19e siècle, alors que l'IBEW formait sa première section locale canadienne, à Ottawa, le 20 décembre 1899.

Il faudra plus de 70 ans de vie commune avec l'IBEW avant que les électriciens gagnent leur autonomie et leur pleine indépendance au sein de la FIPOE. On verra, dans les pages qui suivent, que l'affirmation de la spécificité québécoise passait nécessairement par l'insubordination à certaines décisions de l'organisation américaine, ce qui a valu à la section québécoise 568 des sanctions qui sont allées jusqu'à la mise en tutelle. On verra également combien la question de la langue a été, à de multiples occasions, l'étincelle qui a embrasé le mécontentement québécois vis-à-vis du syndicat international.

La FIPOE a tenté à plusieurs reprises de retracer son histoire. Elle en a fait l'annonce à de nombreux congrès. Mais le combat quotidien étant ce qu'il est, incessant et souvent imprévisible, le travail des militants a été chaque fois happé par des événements qui les ont toujours forcés à remettre à plus tard ce vaste projet d'une histoire syndicale, la leur. La FIPOE, en somme, a consacré ses énergies à façonner cette histoire plutôt qu'à l'écrire. Mais vint le temps de s'asseoir et de prendre le crayon, car, comme les sages l'ont dit, il faut connaître son passé pour comprendre le présent et construire le futur.

Aujourd'hui, c'est avec fierté que la FIPOE peut enfin annoncer qu'elle a mené à terme ce projet. Vous en tenez la preuve entre vos mains.

Ce livre pourra certainement servir à tous ceux et toutes celles qui s'intéressent à cette question, du point de vue pédagogique, en ce qui concerne l'implication et la formation syndicales ou tout simplement pour en savoir plus sur l'un des groupes importants figurant parmi les bâtisseurs du Québec, celui des ouvriers en électricité.

Cet ouvrage, par contre, n'atteindrait pas ses objectifs s'il ne réussissait pas à attirer et à retenir l'attention des milliers de travailleurs et de travailleuses qui œuvrent présentement dans le domaine de l'électricité, de ceux et celles qui les ont précédés ou qui les suivront, ainsi que de leurs confrères et consœurs des autres métiers du bâtiment. C'est d'abord et avant tout à eux que ce livre s'adresse.

Les historiens et analystes pointilleux resteront sans doute sur leur faim, car il n'est pas question ici de faire l'autopsie des relations entre les organisations syndicales américaines, canadiennes et québécoises, ni de disséquer les conditions sociologiques et politiques propres à leur évolution.

Le récit entend plutôt faire revivre certains épisodes qui ont marqué l'évolution de l'organisation qui allait devenir la FIPOE, sans suivre pour autant une évolution chronologique rigoureuse. Les chapitres sont bonifiés d'encadrés et d'illustrations annotées voulant faire ressortir des événements spécifiques, des enjeux marquants, des anecdotes, des traits particuliers du développement de l'électricité au Québec ou encore des témoignages qu'on ne saurait condamner à l'oubli.

Les pages qui suivent sont donc truffées de reproductions et de photographies. Les lecteurs seront ainsi amenés à saisir de façon imagée les grands moments de cette histoire et à mieux se les approprier.

Plus qu'un simple écrit, ce livre se veut l'illustration concrète de ce qui a cimenté au fil du temps la FIPOE, une organisation active qui poursuivra sa lutte de défense des intérêts de ses membres et son combat pour un Québec juste et équitable. La FIPOE livrera ainsi, dans les années à venir, le matériel nécessaire pour poursuivre et compléter cette belle expérience.

Merci à tous ceux et toutes celles qui ont participé à cette aventure !

Première (et dernière) camionnette achetée par la FIPOE peu après sa création. Elle servait à transporter les représentants syndicaux sur les nombreux chantiers de la Côte-Nord.

Ville de Québec, 1885 – La terrasse Dufferin, le soir de l'illumination. La terrasse accueille 20 000 personnes venues assister à une démonstration de l'éclairage à l'électricité. L'activité est organisée par la Compagnie d'éclairage électrique de Québec et de Lévis. Les gens voient pour la première fois la lumière produite par l'énergie de la chute Montmorency. BAnQ.

INTRODUCTION

Une grande découverte : le soleil de minuit

Paris, 1er mai 1878

LA FÊTE INTERNATIONALE des Travailleurs du premier mai n'a pas encore été proclamée, mais ce jour-là, en 1878, le maréchal Mac-Mahon, alors président de la République française, donne congé aux ouvriers pour qu'ils puissent visiter, en avant-première, la troisième Exposition universelle de Paris. Celle-ci sera ouverte au grand public du 20 mai au 10 novembre.

L'Exposition met l'accent sur les nouvelles technologies et plusieurs inventions y sont présentées : une version perfectionnée du téléphone de Graham Bell, le phonographe, la machine à glaces, le four solaire, la machine à fabriquer des fers à cheval, la machine à fabriquer des boissons gazeuses, la machine à écrire et… le clou du spectacle, la bougie électrique de l'ingénieur russe installé à Paris, Pavel Yablochkov.

Le hall des magasins du Musée du Louvre ainsi que l'avenue de l'Opéra bénéficient, en avant-première, du premier éclairage électrique public.

Un fabricant de meubles montréalais, J.-A.-I. Craig, francophone malgré son nom, visite l'exposition. Il est non seulement subjugué par ce « miracle », mais il décide de s'engager dans l'aventure. De retour à Montréal, c'est sous la raison sociale Craig et fils qu'il se lance dans la production de l'éclairage public.

Montréal, six mois plus tard

La même année, un soir d'automne, Craig gagne son pari : il fabrique sa première lampe à arc et illumine le toit du collège Sainte-Marie à Montréal, à l'angle des rues De Bleury et Dorchester (devenue le boulevard René-Lévesque en 1987).

Puis, le 16 mai 1879, la première démonstration d'envergure de l'éclairage électrique public a lieu au Champ-de-Mars, devant une foule de plusieurs milliers de Montréalais. Plusieurs en parlent comme le « soleil de minuit », alors que d'autres y voient une invention qui révolutionnera l'avenir.

C'est l'année suivante, en 1880, que l'Américain Thomas Edison met au point la lampe à incandescence (ampoule électrique) et qu'il parvient à éclairer sa bibliothèque, son laboratoire et la rue adjacente, à l'aide d'une quarantaine d'ampoules électriques à basse tension. En quelques mois, il dépose plus de 30 brevets de distribution d'éclairage électrique domestique, de générateurs et de conducteurs électriques, de moteurs, de fusibles, etc.

L'Exposition internationale d'électricité à Paris, en 1881, consacre Thomas Edison comme « symbole international de la modernité et du progrès social scientifique ».

Cette réplique souligne le centenaire de l'expérimentation de l'ampoule de Thomas Alva Edison en 1879. À l'intérieur de l'ampoule de verre, le filament est chauffé par le passage du courant électrique et s'illumine. Collection historique d'Hydro-Québec, 2006.0106.

Avant Edison

Mais avant Edison, il y avait eu un nombre impressionnant de découvertes importantes. En voici quelques exemples.

Au milieu du 18e siècle, Benjamin Franklin est particulièrement célèbre pour ses expériences sur l'électricité dans les nuages qui le poussent à donner une explication scientifique au phénomène de la foudre. Ses recherches le conduiront à l'invention du paratonnerre.

En 1800, Alessandro Volta invente une pile électrique primitive appelée la pile voltaïque, qui débite un courant électrique à peu près stable, mais dont l'étanchéité reste à améliorer.

Un peu plus tard, en 1821, les travaux de Michael Faraday permettent de mettre en évidence les principes du moteur électrique et, 10 ans plus tard, il découvre l'induction électromagnétique. C'est lui qui introduit les termes d'anode, de cathode, d'ion, d'anion et de cation.

On connaît Samuel Morse pour son célèbre code Morse, code de transmission d'informations télégraphiées, mais on lui doit aussi d'avoir mis au point la machine apte à réaliser une expérience spectaculaire en 1844. Le 24 mai de cette année-là, en effet, un premier message télégraphique a pu être transmis sur 60 kilomètres, de la Cour suprême du Capitole à Washington jusqu'au dépôt du chemin de fer de Baltimore. Cette première liaison télégraphique allait bientôt permettre aux radioamateurs de plusieurs pays de communiquer entre eux.

L'ensemble de ces inventions et l'apport d'autres savants comme Ohm, Kirchhoff et Millman ont donné lieu à un certain nombre de lois fondamentales qui guident encore aujourd'hui le travail de base des électriciens.

Retour au Québec

Dans le sillon historique de telles découvertes, la guerre au gaz comme source d'éclairage est désormais lancée au Québec. La multiplication d'entreprises est rapide et comme dans toutes les sphères d'activité économique en développement, la concurrence est féroce. Comme tant d'autres, l'entreprise Craig et fils est rapidement absorbée par la puissante Royal Electric Company, futur empire montréalais fondé en 1884 par le sénateur libéral J.-Rosaire Thibodeau et le courtier Rodolphe Forget.

À l'aube des années 1890, l'électricité a complètement remplacé le gaz dans l'éclairage des rues de Montréal et il ne faudra pas attendre très longtemps pour que cette source d'énergie alimente les usines, qu'elle remplace les chevaux pour faire avancer les tramways et qu'elle pénètre petit à petit l'ensemble des logis.

À Montréal, à Québec, à Saint-Hyacinthe, à Joliette et à Trois-Rivières, on « carbure » de plus en plus à l'électricité et dans plusieurs villes, comme Québec, Trois-Rivières et Sherbrooke, les « p'tits chars électriques » deviennent rapidement le nouveau mode de transport en commun.

L'électrification du Québec a désormais un avenir prometteur.

Mais cet avenir ne saurait se concrétiser sans l'apport des milliers d'ouvriers en électricité, sans qui les avancées scientifiques et technologiques ne peuvent se manifester qu'au titre d'expériences spectaculaires, mais isolées. Si Thomas Edison méritait son titre de symbole de la modernité et du progrès social scientifique, il fallait aussi que sa découverte trouve des utilisations quotidiennes qui la rendront indispensable.

C'est ici que la force de travail devient incontournable.

Dans le capitalisme naissant, c'est le chaos qui règne. C'est la loi de la jungle, alors que chacun tente d'évincer plus petit que soi. Ceux qui possèdent le plus de pouvoir économique ont la capacité d'avancer plus rapidement et d'écarter de leur chemin les concurrents indésirables. Leur réussite repose sur la croissance de leurs profits et exige la plus grande diminution possible de leurs coûts de production. Les conditions de travail sont lamentables, les heures de travail sont interminables et les ouvriers sont rémunérés à des salaires de misère.

Une telle exploitation ne peut trouver d'autre issue que celle du regroupement des travailleurs et des travailleuses. C'est à compter du milieu du 19e siècle

Les débuts de l'électrification ont été marqués par une vive concurrence entre fournisseurs d'électricité et fournisseurs de gaz. À Montréal, la Royal Electric Company s'impose rapidement et obtient le contrat d'éclairage public pour toute la ville en 1889. Cette photo montre l'usine d'appareillage électrique de la rue Dowd, vers 1895. Archives d'Hydro-Québec, Fonds Montreal Light, Heat and Power Consolidated (F9).

L'éclairage des rues est l'une des premières activités des compagnies d'électricité. Cette escouade de l'éclairage de la Gatineau Power Co., entre 1900 et 1930, est une habituée des rues des villes. Un camion à tourelle est utilisé pour nettoyer les lampes, remplacer les ampoules ou réparer un mécanisme. Archives d'Hydro-Québec, Fonds Gatineau Power Company (F6).

que de façon durable, on voit se former les premiers syndicats ouvriers, en Europe occidentale d'abord, berceau de l'industrialisation. Puis le phénomène s'étend de plus en plus, jusqu'à gagner l'Amérique.

Petit rappel sur l'histoire syndicale

Un coup d'œil sur l'évolution de l'histoire syndicale au Québec et au Canada indique que c'est dans l'industrie de la construction que sont nées les premières organisations syndicales[1]. Selon l'historien Jacques Rouillard, le premier syndicat serait apparu au Québec en 1818 – il y a donc près de 200 ans... Il s'agit de la Société amicale des charpentiers et menuisiers de Montréal.

Puis c'est au tour des imprimeurs, des cordonniers et des tailleurs de pierre de se donner des syndicats, au Québec comme au Canada. Mais les organisations « pure laine » ont de la difficulté à survivre et bientôt, il faut compter sur les syndicats des pays d'origine de l'immigration pour s'assurer d'une plus grande viabilité.

Les premiers syndicats « étrangers » qui s'installent au Canada viennent d'Angleterre. En 1850-1851, l'Amalgamated Society of Engineers fonde quatre unités locales et, en 1860, l'Amalgamated Society of Carpenters and Joiners devient le premier syndicat permanent dans les métiers de la construction.

Les syndicats américains, quant à eux, font leur entrée en 1861 auprès des mouleurs de fer, suivis en 1864 des mécaniciens de locomotives et des typographes, des cigariers en 1867, des conducteurs de chemins de fer en 1868, des tonneliers en 1869 et des chauffeurs de locomotives par la suite.

Durant la même période, des syndicats nationaux continuent d'être créés, de Victoria à Saint-Jean, en passant par Québec, chez les charpentiers de navire, les boulangers, les tailleurs, les briqueteurs, les tailleurs de pierre, les débardeurs et les relieurs.

Mais pour que le syndicalisme québécois commence à rayonner, il faudra compter sur l'expansion du syndicalisme international américain. C'est en 1887 que le plus grand syndicat international au Québec sera mis sur pied par la Fraternité unie des charpentiers menuisiers d'Amérique (FUCMA), section locale 134.

Lorsque l'électrification commence son essor, plusieurs jeunes travailleurs aspirent à devenir monteurs de lignes, malgré tous les dangers que représente ce travail, exécuté douze heures par jour, sept jours par semaine et dans toutes les conditions météorologiques. Les accidents de travail sont nombreux, le double par rapport aux autres secteurs d'activité, et chez les électriciens, on meurt davantage d'électrocutions, de chutes ou de brûlures que de tuberculose ou de pneumonie, ces maladies qui font rage au début du 20e siècle. Dans de telles conditions, le regroupement des électriciens et des monteurs de lignes n'est qu'une question de temps.

Comme on le verra dans les pages suivantes, la syndicalisation des électriciens du Québec, hésitante au départ, a ensuite progressé rapidement, à un rythme d'enfer pourrait-on dire, comparativement à plusieurs syndicats dans d'autres secteurs. Comme l'ont déjà dit plusieurs militants syndicaux, « le courant » passe, chez les électriciens !

On trouvera dans le chapitre 1 les principaux événements qui ont marqué l'évolution de la section locale 568 de l'International Brotherhood of Electrical Workers (IBEW) d'abord, puis de la FIPOE. Il faut comprendre que l'histoire de la FIPOE est indissociable de celle de la section locale 568. La scission qui a eu lieu en 1972 peut être comparée à un véritable raz-de-marée qui a emporté les membres du syndicat international au sein d'une organisation bien québécoise, libre et démocratique, dont l'histoire commence avec celle du local international.

Les travailleurs et les travailleuses en électricité d'aujourd'hui trouveront donc dans les premières pages de cet ouvrage leurs racines syndicales.

1. Pour en connaître davantage, voir entre autres Lipton, Charles, *Histoire du syndicalisme au Canada et au Québec, 1827-1959*, Parti pris ouvrier nº 4, Montréal, 1976, 1979, 500 p. ; Forsey, Eugène, « Historique du mouvement ouvrier au Canada », article publié dans *L'Étude de la société*, et reproduit sur le site Internet des Classiques des sciences sociales, Université du Québec à Chicoutimi ; Rouillard, Jacques, *Histoire du syndicalisme québécois*, Montréal, Éditions du Boréal, 1989, 535 p.

Attention Workingmen!

GREAT

MASS-MEETING

TO-NIGHT, at 7.30 o'clock,

AT THE

HAYMARKET, Randolph St., Bet. Desplaines and Halsted.

Good Speakers will be present to denounce the latest atrocious act of the police, the shooting of our fellow-workmen yesterday afternoon.

Workingmen Arm Yourselves and Appear in Full Force!

THE EXECUTIVE COMMITTEE.

Achtung, Arbeiter!

Große

Massen-Versammlung

Heute Abend, ½8 Uhr, auf dem

Heumarkt, Randolph-Straße, zwischen Desplaines- u. Halsted-Str.

Gute Redner werden den neuesten Schurkenstreich der Polizei, indem sie gestern Nachmittag unsere Brüder erschoß, geißeln.

Arbeiter, bewaffnet Euch und erscheint massenhaft!

Das Executiv-Comite.

Fac-similé de l'affiche appelant à la manifestation au Haymarquet Square, à Chicago, le 4 mai 1886. Cette manifestation a été organisée pour dénoncer le feu nourri des policiers contre les grévistes de l'usine McCormick. Wikimedia Commons.

CHAPITRE 1
La naissance de l'IBEW

1886 : une année charnière porteuse de grands développements

À Chicago, la grève générale pour la journée de huit heures s'enclenche le 1er mai 1886 : 400 000 travailleurs font la grève et ferment les portes de plus de 11 000 usines. Le 3 mai, à l'usine de la McCormick Harvester où les ouvriers sont toujours en grève pour la journée de huit heures, la police escorte 300 briseurs de grève. Les grévistes leur barrent la route. La police ouvre le feu sur les grévistes, en tue quatre et en blesse plusieurs autres. Le lendemain, un vaste rassemblement est organisé à Haymarket Square. Une bombe est lancée (vraisemblablement par un provocateur) et six policiers en sont victimes. Huit dirigeants syndicaux sont arrêtés et condamnés à mort par un jury composé de contremaîtres et de gérants d'usines. Malgré les protestations et une campagne en leur faveur dans plusieurs pays, quatre des condamnés sont pendus le 11 novembre 1887, trois sont graciés et le dernier se donne la mort.

Si la grève générale du 1er mai 1886 est à l'origine de la tradition du 1er Mai, comme fête internationale des Travailleurs, elle est aussi l'un des ferments renforçant l'émergence des organisations syndicales.

Ce n'est que quelques mois plus tard, en décembre 1886, qu'on assiste en effet à la fondation de l'American Federation of Labor (AFL), précédant de quelques années seulement la création de la première section locale des ouvriers en électricité en Amérique du Nord. En même temps que l'AFL, le Congrès des métiers et du travail du Canada (ancêtre du Congrès du travail du Canada actuel) et le Conseil central des métiers et du travail de Montréal (CCMTM) font aussi leur apparition en 1886.

C'est également en décembre 1886 qu'est instituée la Commission royale d'enquête sur les relations entre le capital et le travail au Canada, dont les travaux débutent réellement le 15 novembre 1887 pour se terminer en février 1889. Demandée par les organisations ouvrières existantes, la Commission est l'occasion de faire connaître tous les abus du capital sur le travail : travail le dimanche, cadences infernales, heures de travail abusives, accidents de travail, amendes exorbitantes imposées aux ouvriers lors de retards ou de défauts de fabrication, travail des enfants, internement dans des cachots, etc. Ces révélations auront l'heur de faire évoluer le droit du travail, ce qui mènera, en bout du compte, à la reconnaissance des organisations syndicales. Et c'est dans la foulée de ces avancées qu'il faut situer le travail appréciable de Louis Guyon, machiniste devenu le premier président du CCMTM et l'un des premiers inspecteurs des conditions de travail au sein des manufactures. On lui doit plusieurs législations ouvrières, surtout dans le domaine des accidents de travail[2].

Compte tenu de l'ouverture complète des frontières entre les États-Unis et le Canada et de la libre circulation des biens et des personnes entre les deux pays, les syndicats américains, déjà installés dans les grandes villes américaines frontalières, voient rapidement l'occasion d'organiser les travailleurs canadiens dans leurs rangs. S'il y a, comme on le verra plus loin, une forte volonté de construire des syndicats nationaux purement canadiens, la force du syndicalisme « international », représenté par l'AFL, l'emporte sur le « nationalisme syndical » naissant. Toutefois, du fait de la législation canadienne qui entend encadrer étroitement les droits du travail et les organisations syndicales, les syndicats américains ne peuvent contrôler entièrement les syndicats canadiens et doivent leur céder une certaine dose d'autonomie, en acceptant notamment qu'ils soient également affiliés au Congrès des métiers et du travail du Canada.

2. Voir la rubrique du Vieux Gustave, dans le *Monde ouvrier*, journal de la FTQ, mai-juin 2009.

Fin 1800, entre le Canada et les États-Unis, pas de frontière pour le capital et le travail

« Les liens entre le Canada et les États-Unis sont inusités. Alors que les lignes frontalières représentent quelque 5 000 miles, la relation entre les deux pays est telle qu'aucun ne ressent la nécessité d'établir des postes frontaliers. Aucun parallèle semblable n'existe ailleurs. Les peuples des deux pays, avec leurs caractéristiques spécifiques, proviennent des mêmes souches. Ils ont les mêmes traditions, les mêmes espoirs, les mêmes ambitions et les mêmes aspirations. Ensemble, ils poursuivent les mêmes objectifs. C'est à travers une ligne frontalière imaginaire que le capital circule librement et très souvent, le capital d'un pays est investi dans l'autre et les travailleurs peuvent facilement être employés par les employeurs de l'un ou de l'autre pays. Voilà pourquoi l'American Federation of Labor est l'organisation reconnue sur tout le territoire nord-américain*. »

* Tiré de *The Electrical Worker*, août 1934. Tous les textes cités issus de *The Electrical Worker* ont fait l'objet d'une traduction libre de M. Audet, à moins d'indication contraire.

États-Unis : première association d'électriciens

La tentative échouée, en 1883, de mettre sur pied un premier syndicat des ouvriers en électricité aux États-Unis laisse croire qu'aucune autre tentative ne pourrait réussir. Pourtant, en septembre 1890, une poignée de jeunes électriciens tentent le sort, après s'être rencontrés à Saint-Louis, dans l'État du Missouri. Faisant appel à Charles Cassel, un organisateur de l'AFL, ils obtiennent de cette dernière une constitution en bonne et due forme, créant la section locale n° 1 des électriciens (*wiremen*) et des monteurs de lignes (*linermen*).

Sous la houlette de Henry Miller, jeune fermier d'origine texane devenu à 17 ans monteur de lignes, la section locale amorce une campagne d'organisation dans plusieurs villes. En moins d'une année, le périple de Miller donne ses fruits : après la ville de Saint-Louis, ce sera au tour de Cincinnati, de Pittsburg, de Philadelphie, de New Orleans, de Toledo, d'Evansville, de Chicago, de Milwaukee... Puis s'ajoutent Indianapolis et Duluth. Un premier congrès national est convoqué l'année suivante.

Le 28 novembre 1891, à Saint-Louis, Missouri, on assiste ainsi à la fondation de la National Brotherhood of Electrical Workers (NBEW) par dix délégués représentant 286 membres de huit des onze sections locales mises sur pied dans les mois précédents aux États-Unis. La section locale n° 1 est ainsi créée, sous la direction de Henry Miller. Quelques jours après, la NBEW s'affilie à l'American Federation of Labor (AFL), fondée en 1886.

Les premiers jours de la nouvelle organisation sont durs. Des obstacles se dressent, des erreurs sont commises et l'imprévisible est la règle. Il faut comprendre que ses membres sont des pionniers et que ses dirigeants n'ont aucune expérience. Les conditions de travail n'ont jamais été négociées et sont unilatéralement imposées par les employeurs sur le terrain. Les ouvriers ont peu de temps disponible, ils sont au travail 10 heures ou plus chaque jour, pour une maigre pitance. Mais la poignée de militants fondateurs de la NBEW est déterminée et, en 1892, une année seulement après la fondation de la nouvelle Fraternité nationale des électriciens, ce sont plus de 2 000 membres, réunis au sein de 24 sections locales, qui sont représentés au deuxième congrès de la jeune organisation, qui a lieu à Chicago. C'est à ce congrès que les délégués décident de doter leur organisation d'un journal, *The Electrical Worker*[3].

Puis le troisième congrès, tenu à Cleveland (Ohio), doit faire le constat : les temps sont durs et les organisations manquent gravement de ressources financières. Des 49 sections locales, 29 sont carrément en faillite. Trente-trois seulement sont représentées au congrès. La situation s'envenime, à un point tel que seulement huit sections locales, représentées par 11 délégués, forment le quatrième congrès, en 1895.

3. Voir le site Internet des archives de l'IBEW, qui recense tous les numéros de *The Electrical Worker* depuis 1893. Le journal est un mensuel comptant en moyenne 60 pages, mais il n'est pas rare de voir des numéros de 120 pages.

Les fondateurs de la National Brotherhood of Electrical Workers, le 28 novembre 1891. De gauche à droite et de haut en bas : J.T. Kelly, E.C. Hartung, W.M. Hedden, J.C. Sutter, Jos Berlovitz, Henry Miller, F.J. Heizleman, T.J. Finnel, H. Fisher et JAS. Dorsey. *The Electrical Worker*, janvier 1893.

Puis, peu à peu, les beaux jours reviennent. En 1897, 45 sections locales sont en règle et participent au cinquième congrès, à Détroit.

Durant la même période, à Montréal, les syndicats du bâtiment mettent sur pied le Conseil des métiers de la construction (1892), en rupture avec le CCMTM. Puis, en 1897, les unions internationales affiliées à l'AFL fondent le Conseil fédéré des métiers et du travail de Montréal, dès lors l'association la plus représentative dans le bâtiment, qui deviendra plus tard le Conseil des métiers et du travail de Montréal (CMTM). Le Conseil fédéré regroupe tous les syndicats de métiers dans le bâtiment, tant les syndicats nationaux qu'internationaux. Mais à son congrès de 1902, une résolution est adoptée à l'effet d'exclure tout syndicat national dans les secteurs où un syndicat international existe déjà.

1898 : premier syndicat canadien chez les électriciens

Alors que se prépare le sixième congrès de la NBEW, la discussion sur l'occasion d'en faire un syndicat international est remise à l'ordre du jour, après avoir échoué au cours des trois congrès précédents. Cette fois, la discussion n'a rien de théorique. Un membre de la section locale 41 de la NBEW à Buffalo (NY), James Burgess, a réuni toutes les conditions nécessaires à la mise sur pied d'un premier syndicat canadien à Toronto. Formée d'une cinquantaine d'électriciens, la Fraternité des ouvriers en électricité du Canada voit ainsi le jour à l'automne 1898, affiliée au Congrès des métiers et du travail du Canada.

Le numéro de décembre 1898 du journal *The Electrical Worker* explique alors qu'il est impératif de syndiquer les électriciens canadiens, particulièrement ceux qui viennent des villes limitrophes des États-Unis et qui sont attirés par les salaires qui y sont payés, largement supérieurs à ceux qu'on trouve dans les centres urbains canadiens. L'envers de la médaille: les patrons américains aimeraient bien pouvoir mettre la main sur cette main-d'œuvre à meilleur marché. La syndicalisation des travailleurs canadiens comme des travailleurs américains apparaît donc comme la meilleure façon de protéger l'ensemble des travailleurs, quel que soit leur lieu de résidence.

Dans son rapport au congrès, le secrétaire Thos Wheeler raconte qu'il a reçu plusieurs lettres d'organisateurs de l'AFL reprochant à la NBEW de ne pas syndiquer leurs sections locales canadiennes. « L'erreur la plus sérieuse que nous ayons commise lors de notre dernier congrès, écrit-il, a été de battre une résolution afin de faire de notre Fraternité une organisation internationale... Nous devons dire à nos confrères canadiens "venez avec nous, vos batailles seront nos batailles, vos victoires et vos défaites, les nôtres!" »

Le sixième congrès de la NBEW, tenu à Pittsburgh, décide d'étendre sa juridiction territoriale au Canada et devient dès lors l'International Brotherhood of Electrical Workers (IBEW). Le poste d'un sixième vice-président est créé afin de représenter les électriciens canadiens au sein de la direction de l'IBEW. Le 1er avril 1900, c'est un Américain de Chicago, John H. Maloney, qui est désigné comme représentant « canadien », compte tenu de sa « grande expérience ». Les syndicats canadiens sont contrariés par cette nomination et, une année plus tard, une résolution à l'effet de désigner un représentant résidant au Canada sera adoptée par l'ensemble des sections locales canadiennes réunies en conférence.

Une année après le congrès, l'IBEW compte six sections locales au Canada: à Québec (section locale 71), à Ottawa (section locale 93), à Hamilton (section locale 105), à Montréal (section locale 111), à Toronto (section locale 114) et à London (section locale120).

1900 : première section locale à Montréal

La section locale 111 de Montréal, la première à être créée à Montréal, en mars 1900, regroupe 19 ouvriers en électricité.

Dès le départ, les employeurs ne veulent pas embaucher d'ouvriers syndiqués et ces derniers sont pratiquement acculés à accepter de travailler aux conditions des non-syndiqués s'ils veulent nourrir leur famille... à raison d'environ 1,25 $ par jour pour 10 heures de travail. Dans plusieurs villes américaines, par contre, le salaire journalier atteint facilement 3,50 $ par jour!

> Peut-on refuser de travailler?, se demande le secrétaire de la section locale 111. Non, parce que le prochain candidat sur la liste va accepter, lui. Les employeurs refusent donc de payer davantage, car ils ont amplement le choix. Nous nous retrouvons donc aussi pauvres qu'avant... (*The Electrical Worker*, avril 1900)

Dans ces conditions, les difficultés de recrutement sont telles qu'au bout de quelques mois seulement, ces quelques militants jettent la serviette.

CHAPITRE 2

1900-1930 : une syndicalisation en dents de scie

Après cette brève expérience difficile, c'est une syndicalisation en dents de scie qui attend les ouvriers en électricité. Quelques mois après la disparition de la section locale 111, une belle occasion se présente en mai 1901, avec la syndicalisation des ouvriers en électricité (des monteurs de lignes principalement) chez Bell Téléphone, dont le siège social est à Montréal. La section locale 182 voit le jour et ouvre ses portes aux ex-membres de la section locale 111.

Très rapidement, la section locale 182 demande à l'IBEW de dépêcher un organisateur exclusif pour le secteur téléphonique, notamment dans des villes où des syndicats sont déjà implantés, comme Toronto, London, Hamilton, Ottawa, Montréal et Québec, plutôt que d'éparpiller ses efforts dans d'autres secteurs. L'IBEW répond positivement à cette demande.

En octobre 1901, J. A. Andersen, le secrétaire à l'information, écrit au journal que le recrutement va lentement mais sûrement, et qu'à chaque assemblée quelques nouveaux membres sont assermentés. Les électriciens, les monteurs et les employés de la téléphonie sont recrutés un à un. Lorsque l'un de ces derniers est embauché par un employeur, il est déjà syndiqué et peut dès lors tenter de faire du

Téléphonistes au travail sous la surveillance étroite d'une opératrice en chef. Au Canada comme aux États-Unis, les syndicats d'ouvriers en électricité ont été les premiers à leur fournir un encadrement syndical. Archives d'Hydro-Québec, Fonds Montreal Light, Heat and Power Consolidated (F9).

recrutement auprès des employés non syndiqués. Si des postes sont affichés dans les journaux, les représentants syndicaux de l'IBEW se dépêchent d'y poser la candidature de travailleurs syndiqués.

Pour les plus militants, c'est la fièvre, et on projette de faire de l'IBEW une organisation syndicale inégalée en nombre à travers le monde. Le mot d'ordre est simple : l'amélioration des conditions de vie repose sur la syndicalisation et l'action collective. Laissé à lui-même, l'individu est acculé à l'échec et aucun espoir ne lui est permis.

L'ardeur des militants n'est toutefois pas partagée par tous les membres et, comme c'est souvent le cas encore aujourd'hui, on encourage une participation plus grande.

À l'été 1902, on est toujours convaincu que bientôt, tous les ouvriers de l'électricité à Montréal et en banlieue seront membres de l'IBEW. En ce début de

Appel à tous

« Hey, les gars ! Je pense qu'après avoir prêté serment et payé votre cotisation, vous avez oublié votre section locale… Pourtant, viendra un temps où vous aurez besoin d'elle, autant qu'elle a besoin de vous. Je vois que vous avez oublié où et quand nous nous rencontrons…

Oui, je sais… Une tempête vous a empêché de venir à la réunion, la semaine dernière le bébé était malade et la fois d'avant vous aviez une sortie avec votre épouse… De telles excuses étaient valables quand nous étions à l'école, car comme l'a écrit Shakespeare*, "tous les hommes sont menteurs"… Mais maintenant, nous nous sommes assagis… Venez aux réunions syndicales, la section locale a besoin de chacun de vous… »

J. C. Green, secrétaire, section locale 182 – *The Electrical Worker*, février 1902.

* L'auteur de l'énoncé « tous les hommes sont menteurs » est Alfred de Musset (*On ne badine pas avec l'amour*) et non Shakespeare.

Septembre 1902, fête du Travail*

Walsh raconte la participation de la section locale 182 au défilé de la fête du Travail :

« Plus de 150 ouvriers en électricité, portant des badges rouges écarlates avec le nom du syndicat, suivaient l'emblème de notre métier, une immense lampe à incandescence, de trois pieds par quatre, décorée par de plus petites lampes multicolores…

Nous portions des drapeaux de plusieurs pays, dont les États-Unis, la France et l'Angleterre, pour montrer que dans les rangs ouvriers, il n'y a ni race ni discrimination, et que tous sont unis dans une cause commune, pour que les vrais producteurs de la richesse dans le monde, vivent dans de bonnes conditions. […]

Malheureusement, il pleuvait et il faisait froid, ce qui a nui au défilé, mais la présence de quelque 20 000 membres de syndicats qui ont marché dans les rues de Montréal jusqu'au parc Riverside**, où avait lieu une assemblée, a été suffisante pour montrer aux ennemis des travailleurs que le syndicalisme veut dire avancer coûte que coûte jusqu'à la satisfaction de notre objectif, un meilleur partage de la richesse… »

The Electrical Worker, septembre 1902

* L'historien Jacques Rouillard explique que la fête du Travail a donné lieu à un défilé des travailleurs des plus importants à Montréal pendant plus de cinquante ans (1886-1952), le premier lundi de septembre. La fête était organisée par les syndicats internationaux et a rassemblé dans la rue des milliers de travailleurs syndiqués avec bannières, drapeaux, fanfares et chars allégoriques. Alors que la fête du Travail a été promulguée congé férié par plusieurs gouvernements (au Canada et aux États-Unis, notamment), la fête du 1er Mai n'a pas connu le même sort et au Québec, ce n'est que depuis 1970 qu'elle est célébrée par l'ensemble des organisations syndicales. Selon la plupart des historiens, les deux fêtes tirent leur origine historique de la lutte du mouvement ouvrier pour la journée de travail de huit heures.

** Le parc Riverside, fermé en 1906, était situé sur la rue Notre-Dame, juste à l'est du boulevard Pie-IX.

Des employés de la Montreal Light, Heat and Power Consolidated transportent un poteau électrique. Archives d'Hydro-Québec, Fonds Montreal Light, Heat and Power Consolidated (F09).

siècle, plusieurs projets industriels vont bon train et l'agent d'affaires A.W. Walsh de la section locale 182 écrit que les travailleurs viennent au syndicat, à la manière des canards qui vont dans l'eau.

L'instauration du système de la « carte de travail », délivrée aux membres syndiqués des secteurs du bâtiment (*Building Trades*), contribue par la suite à attirer davantage d'électriciens et de monteurs de lignes. Cette carte leur permet en effet de trouver du travail plus facilement, avec l'aide de leur section locale.

Mais comme on peut le constater ci-dessous, les difficultés liées au chômage poussent parfois les électriciens à accepter de travailler dans d'autres secteurs…

Malgré cet optimisme et tous les efforts déployés, la syndicalisation des électriciens n'a pas la vie facile. Cela transpire à travers les nombreuses perturbations qui touchent l'existence même des sections locales, qui disparaissent pour la plupart quelques mois seulement après leur création. C'est le cas des

Québec, les électriciens changent les pavés pour de l'asphalte !

[…] Dans la région de Québec, ça va bien. Tous les électriciens travaillent, que ce soit à la Quebec Railway Light and Power Co., à la Jacques-Cartier Quebec Railway Light ou à la Quebec Street Railway. La meilleure entreprise est la Bell Tell Co., car le gérant, le surintendant et les contremaîtres sont justes et corrects. Et tous nos membres s'entendent bien entre eux.

La venue au Québec du duc et de la duchesse de York nous donne beaucoup de travail et nos hommes sont en train de changer les pavés pour de l'asphalte à tous les endroits où leur convoi doit passer. […]

Elzéar L'Heureux, secrétaire à l'information

Au début du 20e siècle, malgré l'existence d'une politique officielle en faveur de l'enfouissement des fils, une multitude de poteaux chargés de lignes téléphoniques, télégraphiques ou électriques encombrent les rues de Montréal. Archives d'Hydro-Québec, Fonds Montreal Light, Heat and Power Consolidated (F09).

sections locales 71 et 397 à Québec ainsi que des sections locales 182 et 423 à Montréal… À la fin de 1906, seule la section locale 463 de Montréal subsiste. Elle compte alors 120 membres, la plupart monteurs de lignes.

La construction, en 1912, de la gare Windsor donne lieu à une recrudescence du recrutement de membres au sein de la section locale 463, même si les moyens financiers se font toujours rares.

C'est dans un tel contexte de « remontée » économique que la direction internationale acceptera enfin que la section locale 463 se dote d'un agent d'affaires, en la personne d'Alzée Bastien, un francophone, qui devient rapidement organisateur en chef pour tout le pays. Peu après, en 1919, il est élu président de la section locale 568, poste qu'il détient jusqu'en 1955. Après 50 ans de militantisme, il prend enfin sa retraite en décembre 1959.

Le travail d'Alzée Bastien (ou Alcide comme certains le désignent) est vite apprécié puisqu'en 1913, à Montréal, deux nouvelles sections locales s'affilient à l'IBEW. Il s'agit des sections locales 492 et 561. La première réunit les électriciens des centrales hydrauliques et la seconde, les électriciens du chemin de fer. En 1915, les deux sections locales fusionnent, en gardant le nom de section locale 561.

Premier rapport de l'organisateur Alzée Bastien (extraits*)

« Parlons d'abord de la plus grosse ville au Canada, avec sa population de 600 000 habitants, Montréal. Disons d'abord que c'est une ville habitée par des francophones et des anglophones et comme vous le savez, il y a un peu d'animosité entre ces deux nations.

Nous nous sommes souvent dit entre nous qu'il était très difficile, voire tout à fait impossible, d'organiser cette ville, mais le résultat est que nous avons maintenant trois sections locales**. Nous tentons maintenant d'organiser d'autres sections locales et nous comptons pour ce faire sur la contribution de chacun. Il y a beaucoup de travail à faire, mais avec de l'espoir, de la patience et de la solidarité, nous réussirons. [...]

Dans la ville historique de Québec, il y a une panoplie d'organisations : des indépendantes, des nationales... mais nous avons réussi à mettre en place la section locale 206 qui va bien. mais qui a besoin d'un soutien constant.

Nous tentons également d'organiser des sections locales dans d'autres villes québécoises, comme Shawinigan, Sherbrooke, Trois-Rivières, Valleyfield, Saint-Timothée et Hull. [...]

J'en aurais beaucoup plus à dire, mais je conclurai en disant que main dans la main, nous réussirons à grossir nos rangs d'ici le prochain congrès.

Avec mes meilleurs souhaits,

Alzée Bastien, organisateur général pour le Canada »

* *The Electrical Worker*, octobre 1914

** Les sections locales 463, 492 et 561.

Une fichue de belle soirée !

« Le principal point à l'ordre du jour était une discussion sur les premiers soins à donner en cas d'accident et de blessure, avec une démonstration faite par le major McTaggard et M. S.A. Guldlow. Le chef des pompiers de Montréal a vanté les mérites de ces premiers soins et demandé à tous d'y porter une attention particulière.

Puis on a eu droit à un spectacle de magie par le prof E. Gagnon, fortement applaudi, ainsi qu'à la présentation d'un film de Charlie Chaplin, qui a amusé énormément les spectateurs.

Le confrère Ainey, de la haute direction, a livré un discours très convaincant sur le pouvoir de l'organisation et du recrutement.

La soirée a été entrecoupée de musique et de rafraîchissements et, au moment du retour, tous étaient très contents de cette soirée de première classe, et en plus gratuite !

Depuis cette soirée, un certain regain s'est emparé de la section locale 561 et les demandes d'adhésion sont nombreuses.

Merci à tous les officiers de la section locale, en espérant qu'ils répètent l'expérience dans de courts délais. Cette façon de faire, une première, ne peut manquer de faire en sorte que les membres assistent plus régulièrement aux assemblées.

Tous doivent réserver à tout prix leur mercredi soir. Rendez-vous au 417, rue Ontario Est, dans le grand hall, à 8 heures du soir.

Solidairement, pour la journée de 8 heures,

Tom Emmett, Secrétaire à l'information »

The Electrical Worker, mars 1917

Les espoirs exprimés par l'organisateur des électriciens au Québec, Alzée Bastien, sont quelque peu ébranlés par le déclenchement, à la fin août 1914, de la Première Guerre mondiale, qui ralentit et rend d'autant plus difficile le travail d'organisation et de recrutement. L'organisateur explique qu'il est extrêmement difficile de maintenir le niveau d'adhésion alors que sévit une récession causée par la guerre, que plusieurs syndiqués sont partis au front et que l'hiver est toujours synonyme de chômage. Il faut sans doute ajouter que plusieurs Québécois, opposés à la conscription, sont devenus plus frileux vis-à-vis des syndicats internationaux, la direction américaine encensant les conscrits.

En mars 1917, la section locale 561 annonce malgré tout que ça va très bien, comme l'atteste la présence de près de 400 électriciens de Montréal à l'assemblée de février. L'encadré ci-dessus, *Une fichue de belle soirée!*, donne le compte-rendu de cette assemblée.

La grève générale de Winnipeg, qui éclate le 15 mai 1919 pour se terminer le 25 juin suivant, a des répercussions sur l'ensemble du mouvement ouvrier, au Québec comme partout ailleurs au Canada. Véritable symbole de la lutte pour la reconnaissance du droit à la syndicalisation, elle donne lieu à une effervescence syndicale sans précédent.

Quelques mois avant le déclenchement de la grève de Winnipeg, au début de l'année 1919, l'effectif syndical canadien compte 248 887 membres. À peine 12 mois plus tard, il atteint 378 047 membres, pour une hausse de 52 %. Les membres affiliés à des syndicats internationaux en représentent plus des deux tiers.

Coïncidence historique? C'est le 5 juin 1919 qu'est fondée, à Montréal, la section locale 568, l'ancêtre direct de la FIPOE.

Mais comme l'histoire a parfois tendance à se répéter, la situation économique du début des années 1920 commence à être de plus en plus difficile. Le chômage bat son plein et plusieurs membres désertent les syndicats. On assiste à nouveau au mouvement de va-et-vient du début du siècle: des sections locales disparaissent complètement de la carte, à Sherbrooke, à Shawinigan, à Drummondville… pendant que d'autres surgissent, à Québec, à Thetford Mines, à Trois-Rivières, à Saint-Hyacinthe…

Quatre grands facteurs expliquent ce va-et-vient: les difficultés de communication en français, les rivalités intersyndicales, l'offensive patronale/gouvernementale et l'attitude de la direction internationale. Revenons au début du siècle.

Communiquer en français

Au début de 1902, le vice-président H.-J. Hurd visite la section locale 71 de Québec et félicite son président, O.E. Légaré, pour ses efforts et l'énergie qu'il met à l'organisation, mais aussi pour son travail de titan dans la traduction en français des statuts et règlements internationaux, un exercice indispensable, écrit-il, car seulement deux ou trois membres comprennent un peu l'anglais.

L'ancêtre de la FIPOE prend vie

Au bout de quatre ans de fusion avec les monteurs de lignes, les électriciens de Montréal décident de retrouver leur autonomie et c'est le 5 juin 1919 qu'ils forment la nouvelle section locale 568, ancêtre direct de l'actuelle FIPOE. E.J. Martin occupe le poste de président et Jack Colley, celui d'agent d'affaires.

Il nous faut un Canadien français!

« Il est inutile de nous envoyer un organisateur qui ne vienne pas du Québec, écrit l'agent d'affaires Walsh. Il nous faut un Canadien français, capable de s'exprimer dans les deux langues et qui connaît la ville de Québec. Sans cela, inutile de penser à réussir. Si la direction de l'IBEW le juge à propos, il me fera plaisir de l'aider à choisir un confrère efficace. Il ne faut pas perdre de temps, car les fakirs*, qui veulent briser le syndicalisme international en mettant sur pied un système syndical indépendant…, tentent de convaincre les monteurs de lignes de s'organiser… »

The Electrical Worker, mars 1903.

* Pour les partisans des syndicats internationaux, les « fakirs » sont des illusionnistes qui prétendent représenter des travailleurs alors qu'ils ne sont devenus que des clubs sociaux comme ce qui restait à l'époque des Chevaliers du travail.

Première correspondance en français

Voici de larges extraits de la première correspondance faite en français, dans le numéro d'avril 1908 de *The Electrical Worker*, sous la signature de Jules Lusignant, secrétaire financier de la section locale 463*.

« Monsieur l'Éditeur de l'Union des électriciens,

C'est avec plaisir que je vous envoie une correspondance sur le Local 463 des Électriciens de Montréal.

Vendredi le 21 février dernier eut lieu au Temple du Travail une assemblée du Local 463 des Électriciens (International). Il y avait présents près de cent-cinquante membres.

Les discussions furent sur l'agrandissement des activités de l'Union [...] et de faire entrer tous les monteurs de lignes.

Nous avions fait entrer plus de 10 monteurs de lignes, mais comme les finances du local ne permettaient pas d'avoir un agent d'affaires, ils ont laissé le local, c'est-à-dire qu'ils ont cessé de payer leurs dus, comme personne ne les collectait.

Le grand vice-président J.J. Reed ainsi que J. Mongeau, organisateur pour le Canada et un *contracteur* ont pris la parole.

M. Reed a dit admirer le zèle que les Canadiens français avaient envers l'Union et il a dit que les Canadiens anglais avaient besoin des Canadiens français autant que des Américains pour arriver à de meilleures conditions.

Il n'a pas été trop doux pour ceux dont la cotisation était en retard. Et il ne comprenait pas que nous puissions porter des pardessus en fourrure avec le petit salaire que nous avions !

Malgré que rien ne fut définitivement arrangé au sujet des dus, on a suggéré d'avoir un agent d'affaires, mais le confrère Middleton a expliqué que les conditions de nos finances étaient pour le moment plutôt faibles pour mettre en chemin un agent d'affaires.

Votre tout dévoué serviteur,

Jules Lusignant – secrétaire financier »

* Les fautes d'orthographe et de typographie ont été corrigées.

On voit, dans les deux encadrés précédents, l'importance du français dans l'action syndicale québécoise des ouvriers en électricité.

C'est peu après, en mars 1902, que la section locale 71 met fin à son adhésion internationale, sans que O.E. Légaré n'ait pu terminer la traduction en français de la constitution. Le bilan qui en sera tiré est bref : le succès de la syndicalisation ne peut reposer que sur la présence d'un organisateur francophone, à tout le moins bilingue, connaissant bien la ville, et sur celle d'un agent d'affaires doté des ressources matérielles nécessaires à l'accomplissement du travail syndical et sur la possibilité de communiquer en français.

La section locale 182 de Montréal propose de déléguer à Québec un organisateur afin de reconstruire une section locale affiliée à l'IBEW et de contrer la montée de syndicats indépendants. Le confrère francophone T. Soucy, de Montréal, a bien réussi à convaincre certains monteurs de lignes de Québec de se joindre à l'IBEW, mais il faut quelqu'un sur place.

Le vice-président Hurd donne raison à la section locale 182 et l'assure du soutien du syndicat international. Mais non seulement ce dernier tarde-t-il à procéder à la désignation d'un organisateur canadien-français, il jette de l'huile sur le feu en abolissant le poste de vice-président réservé à un Canadien lors du congrès de 1903 de l'IBEW. Cette décision est prise à la suite des prétentions des dirigeants syndicaux internationaux des ouvriers en électricité, répercutée jusqu'à l'AFL, à l'effet que les syndicats canadiens n'ont pas besoin d'être représentés par un vice-président canadien, puisque les représentants américains parlent également au nom des syndiqués canadiens. Cela fera aussitôt partie des récriminations des membres canadiens et québécois de l'IBEW, mais ils devront attendre 15 ans avant de pouvoir être représentés à nouveau à la direction de l'organisation internationale par un vice-président canadien.

Après la désaffiliation de la section locale 71 de Québec, c'est au congrès de l'IBEW de 1907 à Springfield (Illinois) qu'une résolution est adoptée à l'effet de fournir aux sections locales canadiennes 1 000 copies des statuts et 100 copies des règlements en français. Malgré toutes les tentatives maintes fois répétées, comme on le verra, il faudra attendre 1959 pour voir une constitution traduite en français !

En 1908, le problème de l'absence d'un organisateur ou d'un agent d'affaires perdure. Une lettre adressée à *The Electrical Worker* en avril par un représentant de la section locale 463 de Montréal, témoigne encore une fois de ce besoin et illustre aussi à sa façon combien la question des finances est décisive dans le travail d'organisation.

Ce n'est qu'en 1913 que la direction internationale accepte la nomination, comme on l'a vu plus haut, d'Alzée Bastien à titre d'organisateur francophone. Durant plusieurs années, Bastien sera d'ailleurs le seul organisateur syndical de l'AFL au Canada.

En 1918, un nouveau vice-président canadien retrouve cette fois sa place dans la direction de l'IBEW, désigné et élu par les sections locales canadiennes.

Mais comme on le verra plus loin, les récriminations des sections locales envers Washington ne cesseront pas pour autant.

Les rivalités intersyndicales

Il faut ajouter à ces récriminations linguistiques, les difficultés liées aux rivalités intersyndicales. La rivalité entre syndicats « nationaux » et « internationaux » affecte le mouvement de syndicalisation des électriciens et des monteurs de lignes, qui sont également influencés par l'existence, en Europe surtout, d'un mouvement ouvrier révolutionnaire. Cela suscite de nombreux débats et pose la question d'une unification internationale des forces ouvrières. Au Québec comme ailleurs, plusieurs activistes s'agitent, les uns pour la formation d'organisations nationales, d'autres pour un syndicalisme international, socialiste et révolutionnaire, se revendiquant ouvertement du marxisme. Au sein des organisations syndicales, c'est le brouhaha, les discussions sont corsées et la domination du syndicalisme international à l'américaine est remise en question.

Au pays, les syndicats catholiques, qui ne représentent qu'à peine 9 % de l'effectif, sont installés presque exclusivement au Québec (et dans la ville de Québec), sous la poigne des enseignements de l'Église. Nés de la volonté de se distinguer tant du syndicalisme « canadian » que du syndicalisme international, ils sont à l'origine de la création, en 1921, de la Confédération des travailleurs catholiques du Canada (CTCC), l'ancêtre de la Confédération des syndicats nationaux (CSN). Plusieurs travailleurs sont attirés par cette organisation, entièrement francophone.

La guerre syndicale sévit bientôt entre les partisans du syndicalisme catholique et les partisans du syndicalisme international. À cette rivalité syndicale s'ajoute aussitôt l'action des associations patronales qui tentent, au sein des rangs des électriciens comme dans ceux des autres métiers, de briser le mouvement d'effervescence en recourant à une recette éprouvée, celle de la mise sur pied des syndicats jaunes.

L'offensive patronale/gouvernementale

Il est clair que la division au sein des organisations syndicales est de la musique aux oreilles des patrons et des gouvernements. Et la musique est d'autant plus douce lorsqu'il s'agit de s'en prendre aux syndicats internationaux et à leur suprématie.

Le mouvement patronal s'efforce de convaincre les gouvernements qu'il faut mettre un terme à la venue, au Canada, d'agitateurs syndicalistes étrangers venus au pays pour fomenter le déclenchement de grèves et nuire à l'industrie canadienne. L'un des moyens proposés par le sénateur conservateur James Alexander Lougheed[4] en 1904 est celui d'un projet de loi interdisant l'entrée au Canada de syndicalistes étrangers, rendant illégale l'appartenance à un syndicat non incorporé par voie législative et rendant également illégale toute grève déclenchée par

4. James A. Lougheed était le grand-père de Peter Lougheed, premier ministre de l'Alberta dans les années 1970 et 1980. Il était reconnu non seulement pour son antisyndicalisme notoire, mais aussi pour son opposition au droit de vote des femmes et aux droits des autochtones, qu'il traitait de débiles.

Début de la construction d'une ligne de transport de 45 kilomètres pour relier la centrale des Sept-Chutes (Saint-Ferréol-les-Neiges) à Baie-Saint-Paul. Le but est d'alimenter en électricité une fabrique de papier. C'est à bout de bras que les ouvriers se servent de gaffes pour monter les poteaux. La photographie date de l'été 1948. Archives d'Hydro-Québec, Fonds Shawinigan Water and Power Company (F1).

un syndicat non incorporé. Le sénateur Williams Gibson, industriel et banquier libéral, appuie sans réserve cette proposition et pousse l'idée encore plus loin en suggérant l'interdiction d'incorporation de tout syndicat lié à des intérêts étrangers. Ce projet de loi rejeté, un autre surgit en 1907 de la part du sénateur libéral et homme d'affaires James McMullen, voulant rendre illégale toute intervention de représentants syndicaux américains dans les relations de travail au Canada. Ayant lui-même retiré son projet devant la force de l'opposition, il revient à la charge en 1909, mais il est encore une fois défait. L'année suivante, le sénateur Belcourt présente un nouveau projet de loi similaire mais il doit reculer. L'offensive gouvernementale est virulente.

Du côté des employeurs, on profite de cette agitation politique pour combattre les droits du travail. Pour ne prendre qu'un exemple, les patrons de la Metallic Roofing Co. du Canada auront gain de cause contre la section locale 30 de l'Association internationale des travailleurs du métal en feuilles (AITMF) dans un jugement qui interpellera l'ensemble des syndicats au Canada, mais aussi aux États-Unis. Par un jugement entériné par la cour d'appel, un verdict condamnait tous les membres du syndicat local et international à une amende de 7 500 $ (environ 200 000 $ aujourd'hui) et statuait sur le caractère coercitif de la grève, sur l'intimidation exercée par l'avis de grève et sur la culpabilité du syndicat international quant à l'appui à la grève et au paiement d'allocations de grève. L'IBEW soutiendra l'AITMF dans sa bataille contre ce jugement, comme on peut le lire dans le numéro de janvier 1907 de *The Electrical Worker*.

Tous les moyens sont bons, au Canada comme aux États-Unis. Le monde patronal recrute des indicateurs et encourage l'infiltration pour saper de l'intérieur les syndicats internationaux. Il finance l'organisation de syndicats jaunes et va jusqu'à reconnaître les syndicats nationaux afin de se défaire des syndicats internationaux, beaucoup plus puissants.

Sur les chantiers, on tente de plus en plus de se défaire de la main-d'œuvre syndiquée, même illégalement. Le 15 février 1909, le secrétaire financier du Trades and Labour Congress of Canada s'adresse au journal de l'IBEW afin de faire savoir que les employeurs sont de plus en plus nombreux à recourir à la main-d'œuvre étrangère, souvent venue au pays dans l'illégalité, de Chine, du Japon, de l'Inde et de plusieurs pays d'Europe. Démunie, cette main-d'œuvre semble faire littéralement l'objet d'un trafic contrôlé par des intérêts patronaux, qui ont par ailleurs intérêt à surpeupler le rang des sans-emploi au Canada. Plus la main-d'œuvre est nombreuse, moins elle coûte cher. Et plus elle dépend directement des patrons, moins elle est susceptible de grossir les rangs syndicaux.

Dans les entreprises déjà syndiquées, on menace constamment de licenciements les ouvriers qui savent très bien que dans une entreprise comme Bell Téléphone par exemple, qui exerce un monopole, les patrons peuvent mettre les employés en lock-out d'un simple claquement de doigt et les remplacer par des employés non syndiqués. Bell a d'ailleurs lancé un avertissement à ses employés syndiqués : ou bien ils quittent l'IBEW, ou bien ils risquent le congédiement.

À cette offensive patronale/gouvernementale vient s'ajouter l'attitude de plus en plus conciliante de la direction internationale de l'IBEW vis-à-vis de la législation du travail.

L'attitude de la direction internationale

En 1907, la Loi relative aux enquêtes sur les conflits de travail oblige à recourir à une commission de conciliation avant le déclenchement de toute grève au Canada. La grève devient ainsi quasiment impossible, du moins est-elle fortement restreinte ou différée à plus tard. Le fait de s'en remettre dès le départ à un tiers « neutre et indépendant » vient également disposer des négociations face à face entre employeur et syndicat. Selon l'historien Charles Lipton, cette loi séduit alors les dirigeants des unions internationales qui cherchent davantage des règlements à l'amiable que des conflits longs et coûteux. Lipton note également que les arbitres, nommés par le gouvernement, sont alors beaucoup plus à la solde des employeurs qu'ils ne sont favorables aux travailleurs. Dans un premier temps, à l'encontre de la position de l'AFL, l'IBEW dénonce vertement cette loi, mais très vite, elle adopte une attitude plutôt favorable[5].

En octobre 1908, en effet, l'édition de *The Electrical Worker* fait valoir que la Loi vise à prévenir les grèves ou les lock-out qui affectent le bien-être général de la population de façon directe et sérieuse. Dans la mesure où les grèves ou lock-out ne sont pas interdits après la conciliation, l'issue de la situation repose sur le pouvoir d'une opinion publique que les syndicats auront bien informée.

Au plus haut niveau à vrai dire, les dirigeants syndicaux internationaux affichent de plus en plus une attitude de collusion avec les grandes entreprises, tout en montrant une indifférence certaine envers les travailleurs noirs et immigrés, ce qui heurte au Canada et au Québec les sections locales aux prises avec des employeurs qui, de leur côté, jouent sur cette adversité. Plusieurs sections locales lorgnent rapidement vers la désaffiliation.

L'attitude de la direction internationale attisera le mouvement de désaffiliation dans la mesure où est condamné le moindre intérêt manifesté par certains militants pour le syndicalisme révolutionnaire, au

5. Voir les numéros de *The Electrical Worker* de juin 1907 et d'octobre 1908. Voir Lipton, Charles, *Histoire du syndicalisme au Canada et au Québec, 1827-1959*, Parti pris ouvrier, Montréal, 1976, p. 182-183.

Plaidoyer pour la démocratie syndicale

« Tout ce que nous avons d'international, au Canada, c'est le *per capita* que l'on paie chaque mois et encore, nous n'avons pas un mot à dire sur la manière dont il va être dépensé.

Certains penseront peut-être que je souffre de nationalisme aigu. Non. Je suis et resterai internationaliste toute ma vie. Ce qui me rend malade, c'est l'injustice pourrie avec laquelle cette organisation traite son membership canadien.

Voici un résumé des propositions d'amendements à la Constitution que nous mettons à la discussion pour le prochain congrès.

1. Constitution séparée pour les matières appartenant aux Canadiens, comme l'élection de leurs officiers.
2. Élection d'un vice-président canadien représentant les membres canadiens.
3. Pouvoir d'embauche des organisateurs.
4. Fin à l'ingérence dans la nomination et l'élection des officiers des sections locales.
5. Pleine autonomie dans la désignation des délégués à toutes les instances de l'organisation. »

The Electrical Worker, mai 1917.

moment même où les discussions vont bon train au sein des sections locales et que plusieurs s'interrogent sur le type de syndicalisme à privilégier.

De nombreux appels sont en effet lancés par les dirigeants de l'IBEW, qui condamnent ouvertement et sans équivoque tout parti pris politique, de surcroît s'il milite en faveur du marxisme, du socialisme ou du bolchévisme russe. Ils en appellent au calme, dans le respect des lois et des règles propres à chaque pays. Et ils interviennent ardemment contre la formation, au Canada, d'une Fédération canadienne du travail qui aurait des sections provinciales, plaidant fortement pour l'attachement à la Fédération américaine.

À la veille du congrès de 1917 du syndicat international, certaines sections locales canadiennes mettent ouvertement en cause l'autoritarisme de la direction américaine sur les activités canadiennes. John E. Pegg, secrétaire à l'information de la section locale 339 des ouvriers en électricité, de Fort William en Ontario, résume bien ces doléances, à l'intérieur même des pages du journal.

Bien que son plaidoyer pour la démocratie syndicale montre bien l'absence d'autonomie des syndicats canadiens, Pegg était par ailleurs un anti-francophone notoire, s'opposant vivement à la traduction en français de documents essentiels aux sections locales. « C'est une véritable perte de temps », disait-il.

Aucun débat n'a été rapporté à ce sujet dans les écrits sur le congrès qui a suivi, si ce n'est que certains porte-parole de sections locales américaines ont évoqué la nécessité d'une plus grande autonomie canadienne.

La restitution, en 1918, d'un poste de vice-président canadien au sein de la direction de l'IBEW calme quelque peu les ardeurs et les militants électriciens poursuivent leur travail d'organisation. Au

Le monde de l'électricité au Québec

Dès la fin du 19e siècle, on peut dire que deux monopoles régionaux ont tiré leur épingle du jeu : la Montreal Light, Heat and Power d'un côté et, de l'autre, la Shawinigan Water and Power Company. La première naît de la fusion de la Royal Electric Company et de la Montreal Gas Company, alors que la seconde voit son importance augmenter avec l'appui des grandes entreprises qui se situent au cœur même du développement industriel de la région trifluvienne : Carbide Company, Northern Aluminium Company (la future Alcan) et la Belgo-Canadian Pulp and Paper Company (intégrée par la suite à Abitibi-Consolidated).

C'est en 1924 seulement que la Quebec Power obtient le monopole de l'électricité dans la région de Québec.

début de l'année 1925, l'IBEW compte sept sections locales au Québec : trois à Montréal (les sections locales 492, 561 et 568), une à Jonquière (la section locale 499), une autre à Trois-Rivières (la section locale 915) et, enfin, deux à Québec (les sections locales 880 et 1118).

Pendant ce temps…

Parallèlement à toute cette agitation syndicale, l'électricité continue de se développer à grande vitesse au Québec et, avec elle, le travail de ses artisans, les ouvriers en électricité.

C'est le temps du dîner pour les monteurs du chantier de la ligne L'Isle-Maligne–Québec. L'équipe de la Shawinigan Engineering y travaille à changer des conducteurs installés en 1926. Les vieux fils sont enlevés, embobinés et envoyés à l'usine de Shawinigan. Là, on augmente le diamètre des fils qui sont réutilisés au chantier. Archives d'Hydro-Québec, Fonds Shawinigan Water and Power Company (F1).

La centrale de Shawinigan-2 a été érigée en deux phases : la centrale de Shawinigan-2A, en 1911, et la centrale de Shawinigan-2B, en 1922. On voit ici le chantier de 1911. Archives d'Hydro-Québec, Fonds Shawinigan Water and Power Company.

Des employés de la Montreal Light, Heat and Power Consolidated à bord d'un véhicule de l'entreprise. Archives du Musée McCord, collection Notman.

Histoire d'avoir une vue générale sur le développement de l'industrie de l'électricité sur la planète, le tableau de la page suivante donne des indications quant à la proportion de la population dans le monde qui bénéficie, en 1920, des bienfaits de l'électricité.

À la lumière de ces données, on peut dire que le monde de l'électricité est une réalité prépondérante en Amérique du Nord, le Canada étant au premier rang. Sans avoir de données précises sur le Québec, on sait qu'il s'y trouvait les germes d'un développement prodigieux de l'électricité.

La centrale de Beauharnois a été construite en trois étapes. Les travaux ont débuté à l'aube de la crise économique de 1929 sous la direction de la Beauharnois Light, Heat and Power Company, puis ont été poursuivis par la Montreal, Light, Heat and Power Consolidated. Ils ont été terminés en 1961 sous l'égide de la Commission hydroélectrique du Québec. Cette centrale est classée lieu historique national du Canada. Archives d'Hydro-Québec, Fonds Beauharnois Light, Heat and Power Company (F2).

CONSOMMATION D'ÉLECTRICITÉ DANS LE MONDE – 1920

Continent Pays	Population (1)	Utilisateurs (2)	Pourcentage d'utilisateurs (2)/(1)
Amérique du Nord	145 000 000	43 065 000	29,7 %
Canada	8 370 000	3 200 000	38,2 %
États-Unis	105 766 000	39 000 000	36,9 %
Autres	30 864 000	865 000	2,8 %
Amérique du Sud	61 000 000	2 915 000	4,8 %
Europe	475 000 000	39 587 000	8,3 %
Afrique	140 000 000	380 000	0,3 %
Asie	890 000 000	24 300 000	2,7 %
Océanie	900 000	1 575 000	17,5 %
Total mondial	**1 720 000 000**	**111 822 000**	6,5 %

Le monde de l'électricité au Québec

Les premières années de la décennie 1920 sont surtout consacrées à la construction de routes reliant les grands centres urbains aux régions éloignées, telles que l'Abitibi et la Gaspésie. Cela facilitera par la suite le développement hydroélectrique.

Bien sûr, la construction d'infrastructures comme celle du pont Jacques-Cartier à la fin des années 1920 ou d'édifices importants comme celui de la Sun Life ou de la Banque Royale du Canada à Montréal* fournit du travail en électricité.

Dans ce domaine, d'ailleurs, on continue de trouver de nouvelles applications, et les investisseurs s'attaquent à des projets d'aménagement hydroélectrique de plus en plus ambitieux (comme la centrale de L'Isle-Maligne faisant tourner les usines de l'aluminerie Alcan ou la centrale au fil de l'eau de Beauharnois, etc.). Bientôt, on gagnera des régions de plus en plus éloignées.

La guerre entre entreprises ne pourra alors que s'envenimer et on ne sera pas surpris de voir, un peu plus tard, le gouvernement du Québec tenter de réglementer davantage cette ressource devenue essentielle.

En 1928, le gouvernement du Québec contrôle l'inspection des travaux d'électricité. Les ouvriers s'en félicitent parce que trop d'employeurs, sans permis, et sans scrupules, n'offraient aucune protection.

Il faut mentionner ici la croisade amorcée en 1928 par Philippe Hamel, dentiste à Québec, contre le « trust » des compagnies d'électricité, leurs tarifs et leurs profits prohibitifs. Il est l'un des pionniers de la campagne pour la nationalisation de ces compagnies qui aboutira, plusieurs années plus tard, et neuf ans après sa mort, à la création d'Hydro-Québec**.

* Inauguré au printemps 1928, l'édifice de la Banque Royale est sans doute le dernier ouvrage imposant réalisé avant la crise de 1929. Avec ses 28 étages, il est alors l'édifice le plus élevé du Canada et de l'Empire britannique. Avant lui, la construction de l'édifice de la Sun Life en 1913, puis son agrandissement, échelonné jusqu'en 1933, auront eux aussi occupé les électriciens pendant plusieurs mois.

** Devant les promesses électorales, Philippe Hamel se joint d'abord à l'Action libérale nationale (ALN), née d'une scission avec le Parti libéral. L'ALN s'unifie avec le parti de Duplessis, l'Union nationale, et Philippe Hamel est élu député. Devant le refus de Duplessis de nationaliser la plus petite centrale électrique, la Beauharnois Power Electric, Hamel devient député indépendant, pour quitter la politique en 1939, complètement désillusionné. « Je n'ai pas été élu, dira-t-il, pour me pavaner en Chambre avec une robe et un bonnet, mais pour me battre contre les ennemis du peuple ! »

Au début des années 1950, le commissaire d'Hydro-Québec René Dupuis a conçu l'idée d'un aménagement paysager qui reproduirait le drapeau du Québec sur le site de la centrale de Beauharnois. Photo prise en 1959. Archives d'Hydro-Québec, Fonds Commission hydroélectrique de Québec 1944-1963 (H02).

CHAPITRE 3

Krach économique, chasse aux sorcières et pactes syndicaux

Alors que l'essor du développement de l'électricité s'accompagne d'une syndicalisation grandissante, les conditions de travail s'améliorent, mais, au Québec, les longues heures de travail perdurent. Reprenant à son compte la revendication internationale pour la journée de huit heures, la section locale 568 en fait sa marque de commerce, contrairement aux autres organisations syndicales, qui sont plus conciliantes. Cette attitude des syndicats rivaux crée une pression certaine sur la section locale 568, qui peine alors à conclure des ententes, mais celle-ci continue de défendre cette revendication et joue ainsi une carte gagnante.

En août 1929, à la toute veille du fameux jeudi noir (24 octobre) du krach économique et contre toute attente, la section locale 568 conclut une première convention collective avec 15 entrepreneurs de Montréal. La joie est grande.

Confrères, écrit Paul Thouin, après des années et des années d'essai et de tentatives, nous avons réussi ! Un grand merci aux efforts persistants du confrère James Broderick, notre représentant international, et de notre agent d'affaires, le confrère O. Boyer. Ils ont réussi à obtenir une convention de trois ans, la première convention signée avec des *contracteurs* dans la ville de Montréal.

Le krach

Mais le jeudi noir provoque une crise économique qui frappe tout le monde. Les emplois se font rares, les chômeurs fourmillent dans les rues et les syndicats perdent de nombreux membres. Sur le moment, on ne s'en inquiète pas trop, puisque depuis des années, la situation économique connaît des hauts et des bas. On constate même que les premiers mois de

On voit ici une file de chômeurs qui attendent aux portes du refuge Meurling, en 1933. Ce refuge, appartenant à la Ville de Montréal, fournit alors 500 couchers par soir et 1 200 repas par jour. À la même date, la ville compte plus de 62 000 chômeurs. Avec leurs familles, on parle de quelque 242 000 personnes assistées socialement, soit près de 25 % de la population ! Archives de la Ville de Montréal, VM94,Z35.

1929 annoncent une année record pour l'industrie canadienne de la construction, notamment dans le secteur de l'électricité. Lorsque les activités du secteur du bâtiment commencent à chuter, les syndicats ne s'en inquiètent pas trop. Mais cet optimisme est toutefois de courte durée. Le chômage persiste : jamais on n'a vu autant de sans-emploi et de files aussi longues pour l'alimentation.

À Montréal, les élévateurs à grains croulent sous l'accumulation et la surproduction gagne la fabrication de chaussures, l'industrie du papier et la production de biens en général.

En mars 1931, la section locale 492, qui regroupe les électriciens du secteur hydraulique toujours en activité, organise une soirée dansante dont la moitié des profits ira aux organisations de charité. Elle saisit également l'occasion du ralentissement économique pour organiser des visites éducatives dans des centrales électriques.

En pleine crise économique, la revendication de la journée de huit heures prend un sens nouveau. Bien que formulée pour accroître le bien-être individuel de chacun, cette demande prend une dimension carrément sociale, visant un meilleur partage des heures travaillées. Le déclin de la situation économique, pour des pans entiers de travailleurs, signifie purement et simplement la privation totale d'emploi. En revendiquant une diminution du temps de travail pour être en mesure de le partager entre tous, sans réduction de salaire, les syndicats plantent un clou sur lequel ils cogneront à chaque occasion.

Malheureusement, la crise économique érode le pouvoir syndical, alors que le chômage supplante de plus en plus l'emploi. Et si le temps de travail est réduit de moitié, faute d'activité… la rémunération l'est, elle aussi. Entre 1929 et 1933, l'industrie du bâtiment subit une baisse du volume de production de 83 %. À Montréal, la section locale 568 compte alors à peine 500 membres, sous la direction, dorénavant, d'un francophone, Oscar Boyer, agent d'affaires qui détiendra son poste jusqu'à sa mort, 16 ans plus tard, en 1948.

Au sortir de la crise, la section locale 568 réitère la nécessité d'un meilleur partage du temps de travail et propose également des solutions novatrices qui empêcheraient de revivre le même cauchemar : l'augmentation des prestations de retraite dès 60 ans, le relèvement de l'âge légal pour le travail, un mois de vacances payé par année, la taxation de toute machinerie acquise pour remplacer l'activité humaine…

Visite de la centrale électrique des Cèdres

Mise sur pied en 1916, cette centrale électrique appartenait à la Montreal Light, Heat and Power Consolidated, dont les électriciens sont réunis au sein de la section locale 492 de Montréal.

Au printemps 1931, une visite de la centrale est organisée pour les plus jeunes travailleurs, à des fins d'éducation. En voici la description.

« C'est gratifiant de voir l'intérêt montré par certains de nos membres les plus jeunes pour ces voyages éducatifs que la section locale organise par autobus à la centrale de Cedar Rapids, et l'esprit d'ouverture manifesté par la Montreal Light, qui fournit en plus un dîner à son "clubhouse".

La cinquantaine de membres qui ont visité la centrale étaient très intéressés d'en connaître davantage sur les aspects mécaniques et électriques et ils ont tenu leurs guides occupés par de nombreuses questions relatives au contrôle du niveau d'eau, aux turbines, aux transformateurs, aux lignes de transmission… Rien n'a été négligé et le comité chargé de la visite s'est trouvé récompensé du seul fait que ces membres voyaient une centrale pour la première fois. […]

Souvenons-nous des objectifs du syndicalisme : organiser les ouvriers en électricité, améliorer et maintenir leur niveau de vie, encourager leur éducation et leur formation dans le domaine de l'électricité, cultiver la solidarité avec l'ensemble des travailleurs et les aider en cas de maladie ou de détresse.

De façon plus générale, nous devons sécuriser l'emploi, réduire les heures de travail, négocier de bons salaires et améliorer les conditions morales, intellectuelles et sociales de nos membres et de leurs familles, dans l'intérêt du bien-être collectif… »

The Electrical Worker, août 1931.

La construction de la centrale des Cèdres a débuté en 1912, à l'initiative de la Cedars Rapids Manufacturing and Power Co. La Shawinigan Water and Power Company et la Montreal Light, Heat and Power Consolidated ont uni leurs forces et leur savoir pour mener à bien le projet. En vertu d'une entente avec la Aluminium Company of America, la centrale exportait de l'électricité hors des frontières du Québec, une première! Archives d'Hydro-Québec, Montreal Light, Heat and Power Consolidated (F9).

Contre la crise économique. Nationalisation des banques!

De l'avis de la section locale 568, la crise qui sévit – la pire jamais vécue – soulève la question de la nationalisation des banques et de l'ensemble des services publics. Voici ce que le secrétaire correspondant de la section locale, George Hill, écrit dans le numéro de février 1932 de *The Electrical Worker*:

« Nous avons besoin de la nationalisation de tous les services publics et des institutions financières. Imaginez, 1753 banques, avec des dépôts de 1462000000$, fermant leurs portes. C'est ce qui s'est passé en 10 mois aux États-Unis. En octobre dernier, 512 banques ont fermé leurs portes, avec des dépôts de 566000000$. [...] Qui a pris l'argent? Dans quelles mains se trouve-t-il? Qu'est-ce qui a mené les banques à un tel désastre? Est-ce que les responsables iront en prison? Je suis certain que nos propres dirigeants syndicaux auraient pu faire mieux... Alors, préparons-nous pour le moment où nous prendrons le contrôle de la nation... »*

* Il faut savoir qu'au début des années 1930, le système bancaire canadien est relativement centralisé et réglementé, comparativement à la situation des États-Unis. Alors que le Canada compte à peine une dizaine de banques, son voisin du sud totalise quelque 28000 banques.

Station-réseau Est, de la Montreal Light, Heat and Power, où 100 % des travailleurs sont membres de la section locale 568, de l'International Brotherhood of Electrical Workers. *The Journal of Electrical Workers and Operators*, mars 1931.

À l'hiver 1935, la situation économique tarde toujours à se remettre sur pied et, comme à chaque hiver, l'emploi tend à se faire de plus en plus rare. Comme le décrit le nouveau secrétaire correspondant de la section locale 568, Joe Pit, les électriciens se transforment en pelleteurs de neige ou en conducteurs de calèches.

> Ici à Montréal, s'il n'y a pas beaucoup d'emplois, il y a beaucoup de neige, et certains de nos confrères ont trouvé du travail dans le déneigement pour la ville et d'autres conduisent des calèches… Heureusement, il y aussi plusieurs duchesses de carnaval et cela fait plaisir aux yeux de voir ces jeunes femmes déambuler dans les halls dans leurs belles robes de satin, tenant dans leurs mains des bottes de neige qui ne toucheront jamais la neige…

Puis, le printemps arrivé, l'activité reprend peu à peu. Certains *contracteurs*, comme Bédard & Girard, coopèrent avec les syndicats, en exigeant la carte d'adhésion syndicale pour donner du travail. Ces *contracteurs* se souviennent qu'ils ont déjà été apprentis électriciens et qu'ils se sont battus pour de meilleures conditions de travail. « Pas de carte syndicale, pas de travail », dit alors l'adage. La section locale 568 mène campagne pour convaincre d'autres *contracteurs* et employeurs d'en faire autant.

Plusieurs s'étonnent aujourd'hui de certains liens de camaraderie qui existent entre certains ouvriers salariés dans l'industrie de la construction et certains entrepreneurs. Or, il ne faut pas oublier qu'encore aujourd'hui, de petits entrepreneurs, parfois appelés à prendre de l'importance, ont été tout d'abord des ouvriers salariés ayant dûment signé leur carte d'appartenance syndicale. Plusieurs continuent encore

Le côté « social » du syndicalisme

Si le syndicalisme est utile aux relations de travail, il l'est aussi sur le plan des loisirs. Voici une description de l'une de ces soirées qui divertissent les membres de la section locale 492 et leurs conjointes.

« Alors que les glaces empêchent les bateaux de nous livrer plusieurs denrées [...] cela ne nous empêche pas d'organiser des super soupers...

Un souper de six couverts a été servi le 21 janvier dernier à la salle des Châteaux du Kerhulu & Odiau. À 10 h 30, un spectacle a été offert aux participants et un autre à 1 h 00 du matin, entrecoupé de musique et de danse.

Le confrère Henry Deserre et sa femme nous ont offert une si belle chorégraphie qu'ils ont gagné le prix de danse... Madame R. Morel, l'épouse de l'un de nos membres, nous a démontré ses talents de pianiste, de même que Mademoiselle Pilon, qui a chanté, accompagnée de sa sœur au piano.

Ce splendide souper montre le côté social de notre section locale, particulièrement pour les femmes qui se demandent souvent à quoi servent les syndicats. »

The Electrical Worker, février 1936.

aujourd'hui de payer leur cotisation syndicale. Que des liens se tissent, durent et perdurent n'a donc rien de surprenant.

L'année 1936 sera vraiment une réussite sur le plan de l'organisation des ouvriers en électricité. Les sections locales du Québec souligneront à l'occasion leurs succès dans les pages de *The Electrical Worker*... mais aussi le plaisir obtenu de leurs activités « sociales ».

Syndicats de métiers, syndicats industriels

Mais le lendemain de la veille, les syndicats internationaux doivent toujours compter sur l'opposition grandissante, au Québec, des syndicats catholiques. En fait, c'est la vieille rivalité qui persiste, au Canada comme aux États-Unis, entre syndicats de métiers regroupant les travailleurs selon leur occupation, et syndicats industriels, regroupant les travailleurs toutes occupations confondues, à l'intérieur d'un secteur ou d'un sous-secteur industriel.

En 1938, aux États-Unis, le Congress of Industrial Organizations (CIO) est ainsi né d'une scission au sein de l'American Federation of Labour (AFL), scission opposant les partisans des unions de métiers (CIO) et les partisans des unions industrielles (AFL).

Au Québec, c'est avec l'appui du clergé et de l'État que les syndicats industriels catholiques réclament l'extension juridique des conventions collectives (le régime des décrets), après avoir obtenu en 1924 l'adoption de la Loi des syndicats professionnels.

Le gouvernement libéral de Louis-Alexandre Taschereau donne satisfaction aux syndicats catholiques en adoptant la Loi relative à l'extension juridique des conventions collectives en 1934, favorisant un syndicalisme qui mise sur la collaboration patronale-syndicale. La nouvelle loi permet d'étendre par décret le contenu d'une convention collective dûment conclue entre un employeur et un syndicat d'un secteur industriel à toutes les entreprises du secteur sur un territoire donné.

Les syndicats internationaux s'opposent à cet encadrement législatif, car l'appareil judiciaire est par expérience synonyme de répression des droits syndicaux, un instrument à la solde des gouvernements et des patrons. Ils s'opposent au même moment au régime des décrets, car pour eux, ce dernier laisse planer le danger d'une ingérence déloyale de l'État dans les affaires syndicales. Il ne faut pas oublier que chez nos voisins du Sud, c'est plutôt par la grève que les ouvriers obtiennent alors la reconnaissance de leur syndicat. En 1933, ils sont ainsi plus de 900 000 à faire la grève. Ce chiffre s'élève à 1 500 000 l'année suivante et à 1 150 000 en 1935.

Les syndicats internationaux savent également qu'un tel régime des décrets favorise en région

La loi des décrets, de 1934 à 1968

La loi de 1934 deviendra par la suite la Loi des décrets de convention collective. Modifiée au goût des divers gouvernements qui se succéderont, cette loi régira les relations de travail au Québec dans le secteur de la construction jusqu'en 1968. Désormais, le lieutenant-gouverneur en conseil pourra imposer à l'ensemble de l'industrie les conditions négociées entre deux associations reconnues d'employeurs et d'employés. C'est le ministre du Travail qui dispose de la qualité d'association « reconnue ».

les organisations rivales. La force de l'IBEW, au Québec, se concentre davantage à Montréal.

L'opposition grandissante à la doctrine prônée par les syndicats catholiques pousse les syndicats de métiers du Québec à fonder, en 1937, la Fédération provinciale du travail du Québec (FPTQ), pour mieux combattre l'implantation d'un syndicalisme de complaisance prônée par les syndicats catholiques, qui connaît, il faut le reconnaître, une montée importante. La rivalité entre les organisations syndicales est féroce, et pour la section locale 568 du Québec, cette montée des syndicats catholiques est vouée à se poursuivre, tant et aussi longtemps qu'ils offriront de meilleures conditions d'adhésion, avec des cotisations passablement inférieures à celles des unions internationales.

Chasse aux sorcières

Il faut également ajouter à l'influence de la doctrine syndicale de l'Église le rôle joué par le gouvernement réactionnaire de Maurice Duplessis. Ce dernier considère que les syndicats internationaux sont sous la houlette des communistes et qu'il faut les combattre à n'importe quel prix. On ne joue pas dans la nuance : alors qu'à vrai dire, seulement quelques militants marginaux se réclament ouvertement du socialisme ou du communisme, ce sera le syndicalisme « international » en entier qui sera visé et honni comme instrumentation du bolchévisme et du marxisme. Les syndicats de métiers se retrouvent donc au banc des accusés.

Les dirigeants des syndicats internationaux s'évertuent à mettre les pendules à l'heure en expliquant en long et en large qu'ils sont loin d'être sous influence communiste. Tout sera mis en branle, par les dirigeants de l'IBEW et leurs représentants au sein des sections locales, pour empêcher les sympathisants socialistes ou communistes de parvenir à des postes élus. La chasse aux sorcières a pénétré les rangs syndicaux alors que le Québec est plongé, dira-t-on, dans la Grande Noirceur.

Pactes syndicaux

Au Québec, comme dans l'ensemble du Canada et des États-Unis, cette ébullition au sein des organisations syndicales et la lutte entre syndicats de métiers et syndicats industriels finiront par provoquer de grands regroupements. Après la création de la FPTQ par les syndicats de métiers, les syndicats industriels, désormais affiliés au Congrès canadien du travail depuis 1940, mettront sur pied la Fédération des unions industrielles du Québec (FUIQ) en 1952.

Aux États-Unis, la signature, en juin 1954, d'un pacte historique de non-maraudage entre l'AFL et la CIO présage de leur fusion imminente. L'année 1955 voit en effet la fusion des organisations industrielles et des organisations de métiers partout en Amérique du Nord : au sein de l'AFL-CIO aux États-Unis, puis, au Canada, au sein du Congrès du travail du Canada (CTC) en 1956 et au Québec, enfin, au sein de la Fédération des travailleurs et travailleuses du Québec (FTQ), née en 1957 de la fusion de la FPTQ et de la FUIQ. Les rivalités syndicales au Québec opposeront désormais, pour l'essentiel, la FTQ et la CSN.

La fondation du CTC sera l'occasion, pour la section locale 568, de manifester l'importance qu'elle accorde au rôle et à la présence de syndicalistes québécois sur l'échelle pancanadienne. C'est notamment à l'intérieur des pages de *The Electrical Worker* qu'elle fera connaître sa fierté de voir un Montréalais accéder au premier poste de président du CTC, en la personne de Claude Jodoin, du Conseil des métiers et du travail de Montréal. Elle félicitera d'autant l'élection de la première femme dans l'histoire du mouvement ouvrier en Amérique du Nord, au poste de vice-présidente du CTC pour le Québec, Huguette Plamondon, également montréalaise.

Dehors, les communistes !

À son congrès de 1950, le Congrès des métiers et du travail du Canada décide d'empêcher la présence de tout délégué se proclamant du communisme. Louis-G. Thériault, le secrétaire correspondant de la section locale 568, décrit l'affaire dans *The Electrical Worker* de novembre de la même année.

« Cette année, le congrès a fait la une en expulsant les délégués d'obédience communiste... Cela montre clairement que nos membres sont tout à fait conscients du danger de laisser des sympathisants communistes prendre des positions de responsabilité et d'autorité. On peut comprendre que la population en général puisse tomber sous le charme de cette gauche, mais nos membres savent reconnaître leurs moyens de persuasion et leurs véritables objectifs.

Bien évidemment, puisque nous nous sommes prononcés pour la liberté d'expression, la question de nous débarrasser d'eux est un peu plus délicate. [...]

Onze délégués ont été expulsés du congrès, dont trois de Montréal... »

Quelques années plus tard, en 1953, on réussira à éloigner Henri Gagnon de Montréal, alors qu'il vient d'être élu secrétaire archiviste. Sans aucun doute, on aura découvert ses allégeances communistes... Mais à la fin des années 1950, il est de retour au sein du comité exécutif pour être ensuite élu président de la section locale 568 en 1968.

Le monde de l'électricité au Québec

À la suite de la campagne amorcée plus tôt par Philippe Hamel, comme on l'a vu, la domination des monopoles régionaux est de plus en plus contestée, l'opinion publique dénonce « le trust de l'électricité » face aux tarifs prohibitifs et aux profits excessifs. Cela mène à une enquête publique (commission Lapointe) et à la nomination d'organismes de surveillance. Mais les abus se poursuivent, poussant finalement le gouvernement libéral d'Adélard Godbout à créer, le 14 avril 1944, la société d'État Hydro-Québec. La Montreal Light, Heat and Power Company est ainsi nationalisée.

Le défi est de taille pour la société d'État puisque la demande en électricité augmente au rythme annuel impressionnant de 7 %. Mais elle est la seule qui a le pouvoir d'exploiter de nouveaux bassins et, à côté des entreprises privées subsistantes, elle devient rapidement le plus grand producteur d'électricité.

La nationalisation de l'électricité permet également de résoudre un problème majeur, celui causé par la différenciation des divers ampérages (ou mesures de l'intensité électrique) existant dans les régions du Québec, un obstacle à l'homogénéité des ouvrages électriques.

Aux motivations politiques s'ajoutent ainsi des raisons d'efficacité technique et économique.

Dans les années 1950, un programme de construction amène pour la première fois Hydro-Québec dans le nord du Québec. C'est là qu'est érigée la centrale Bersimis-1, véritable banc d'essai technique hydroélectrique nécessitant le creusage d'une conduite de 12 kilomètres et d'une des premières lignes de transport à haute tension à 315 kilovolts. Bersimis-2 suivra.

À compter de mai 1963, Hydro-Québec fait l'acquisition de 11 distributeurs privés, de 46 coopératives de production et d'une vingtaine de réseaux municipaux. La nationalisation est ainsi complétée. La société d'État a la responsabilité exclusive de planifier les ressources hydrauliques du Québec. Les premières lignes à 735 kilovolts au monde sont alors construites, ce qui ouvre la voie à l'aménagement de sites éloignés, au Québec comme ailleurs.

Ce sera bientôt l'ère des grands complexes et barrages : Manic-Outardes, barrage Daniel-Johnson, Manic-2, Manic-3, Churchill Falls, Carillon, etc.

Au-delà des rivalités et des conflits idéologiques, la réalité rappelle à l'ordre les militants. La mise sur pied, au Québec, de la société d'État Hydro-Québec constitue, pour les représentants et militants québécois, l'occasion de se serrer les coudes et de faire connaître leur appui au projet de nationalisation de l'électricité. Les sections locales des ouvriers en électricité du Québec demandent à leurs membres de parler sur toutes les tribunes de ce projet qui risque de changer leur vie et de s'en faire les fidèles défenseurs. Mais il faudra attendre les années 1960 pour vivre la grande campagne de syndicalisation de la société d'État.

Avec la création d'Hydro-Québec et la nationalisation des nombreuses entreprises, le coup d'envoi pour des travaux majeurs est donné et, avec lui, celui de l'effervescence de la section locale 568.

Il faut également mentionner que le gouvernement Godbout a fait adopter en février 1944 la Loi des relations ouvrières, considérée comme le premier code du travail. Cette loi reconnaît le droit d'association des travailleurs, définit un cadre légal pour la négociation des conventions collectives et encadre le droit de grève dans le secteur privé. Une commission des relations ouvrières est chargée de l'application de la Loi.

La Loi des relations ouvrières répondait en partie à une revendication des syndicats internationaux, voulant obliger les employeurs à négocier de bonne foi une convention collective lorsqu'une majorité d'ouvriers le désiraient.

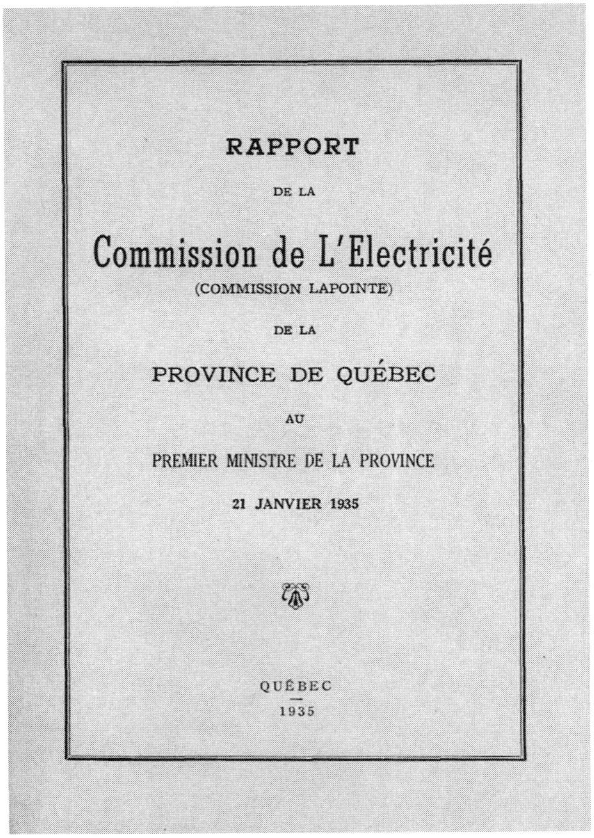
RAPPORT

DE LA

Commission de L'Electricité

(COMMISSION LAPOINTE)

DE LA

PROVINCE DE QUÉBEC

AU

PREMIER MINISTRE DE LA PROVINCE

21 JANVIER 1935

QUÉBEC

1935

Page couverture du rapport d'enquête de la commission Lapointe mise sur pied à la suite de nombreuses plaintes sur « le trust de l'électricité » face aux tarifs prohibitifs et aux profits excessifs de l'entreprise privée. C'est le début du mouvement de nationalisation de l'industrie hydroélectrique. Archives d'Hydro-Québec, Fonds Commission de l'électricité (P01).

Le 15 avril 1944, le président de la Commission hydroélectrique de Québec, T.-D. Bouchard, ainsi que les commissaires Georges C. McDonald, Raymond Latreille, L.-E. Boivin et John McCammon prennent possession du « Power Building », au lendemain de la nationalisation de la Montreal Light, Heat and Power Consolidated. Archives d'Hydro-Québec, Fonds Commission hydroélectrique de Québec 1944-1963 (H02).

Deux cents ouvriers sont mobilisés d'août 1951 jusqu'au printemps 1952 pour accroître la tension de la ligne qui relie la station Terminus de la Shawinigan Water and Power à Québec à la centrale de l'Isle Maligne dans le parc des Laurentides. Un campement est monté sur les rives du Lac Vert pour y loger la main-d'œuvre. Archives d'Hydro-Québec, Fonds Shawinigan Water and Power Company (F1).

L'entrée de la centrale Bersimis-1, en 1959. Première centrale construite par Hydro-Québec, cet ouvrage souterrain représentait un énorme défi technique et logistique, ce qui a permis à l'entreprise, à ses ingénieurs et à ses ouvriers de se faire la main dans la conduite de grands projets. Archives d'Hydro-Québec, Fonds Commission hydroélectrique de Québec 1944-1963 (H02).

CHAPITRE 4

La future FIPOE en effervescence

En 1948, désormais dirigée par M. W. Chartier qui a remplacé Oscar Boyer (en poste depuis 1932), la section locale 568 réussit à négocier la semaine de 40 heures avec 13 employeurs de la région de Montréal. C'est un précédent qui avantage la section locale, car dans plusieurs secteurs, il faudra attendre les années 1960 pour obtenir la semaine de travail de 40 heures. Au début des années 1950, la section locale 568 représente près d'un millier de membres et redouble d'activité.

Ce redoublement d'activité exige à nouveau la nomination d'un organisateur syndical capable de rejoindre les électriciens dans toutes les régions du Québec. À l'automne 1951, Henri L. Roy, de la section locale 1118 des ouvriers en électricité de la ville de Québec, est l'homme désigné à cette fin. S'il devient rapidement le représentant du syndicat international au Québec, le véritable maître d'œuvre de la syndicalisation des ouvriers en électricité demeure la section locale 568. C'est elle qui a des contacts un peu partout, qui fait le lien et qui donne lieu à la création de sections locales dans plusieurs régions.

Mais pour faire véritablement la différence sur l'ensemble de l'échiquier syndical québécois, elle a besoin de signes distinctifs supplémentaires, qui donneront à ses membres le goût et la volonté de voir grandir leur syndicat. En tout premier lieu, l'organisation syndicale francise son appellation et devient la Fraternité internationale des ouvriers en électricité (FIOE).

Des signes distinctifs

En 1950, elle crée un comité de loisirs qui proposera à ses membres plusieurs activités sportives et les encouragera à participer à divers tournois. Jusqu'à aujourd'hui, ces activités expliquent une part significative de son succès.

En 1953, elle obtient du gouvernement du Québec une charte en vertu de laquelle elle se dote d'une caisse de crédit, connue sous l'appellation de Electrical Credit Union. L'appartenance à cette caisse

Dans la rangée du haut, on peut reconnaître Louis Laberge (cinquième personne) et dans celle du bas, sa conjointe Thérèse Vaillancourt (troisième personne). Derrière Louis Laberge: Louis-G. Thériault. *The Journal of Eletrical Workers and Operators*, mars 1956.

Louis-G. Thériault, secrétaire correspondant du mois

Sous la plume de son secrétaire correspondant, Louis-G. Thériault, *The Electrical Worker* rend maintenant compte de façon beaucoup plus régulière des activités de la section locale 568. En septembre 1951, cela vaudra à L.G. Thériault d'être désigné le « secrétaire correspondant du mois ». On le présente alors ainsi:

« Canadien français de 30 ans, marié avec deux enfants, membre d'une famille aux traditions syndicales. Son père est un membre actif des syndicats du chemin de fer, son frère, un membre de la section locale 243 de l'IBEW et son beau-frère, Adrien Dupéré, vice-président de la Fédération du travail du Nouveau-Brunswick. Louis-G. Thériault a adhéré à la section locale 568 en 1946 pour devenir quatre ans plus tard secrétaire correspondant et membre du comité des loisirs. »

Dans les années 1960, Louis-G. Thériault deviendra représentant international de l'IBEW et s'opposera à la création de la FIPOE.

de crédit donne par ailleurs droit à ses membres d'accéder à une coopérative de services de santé.

La même année, la section locale 568 fait un autre gain d'importance pour l'ensemble des syndicats du bâtiment, celui de pouvoir négocier en direct avec les employeurs plutôt que par l'intermédiaire du Conseil des métiers de la construction de Montréal, comme c'était le cas jusque-là. La Commission des relations de travail du Québec reconnaît comme agent négociateur la Corporation des maîtres électriciens du Québec et il lui appartient désormais de s'asseoir à la table de négociation avec les syndicats d'électriciens. La convention collective issue de ces négociations constitue dès lors un amendement au décret provincial. Louis-G. Thériault décrit dans ses mots les règles de négociations propres au Québec :

> Au Québec, la loi des conventions collectives prévoit que lorsqu'une entente intervient entre une organisation syndicale et un ou plusieurs employeurs, l'une ou l'autre des parties peut demander au ministre provincial du Travail d'étendre les conditions relatives au salaire, aux heures de travail et à la formation à l'ensemble de la province ou à l'une de ses régions administratives. Une telle extension est rendue publique et une période de 30 jours est prévue pour les objections éventuelles, après laquelle un arrêté en conseil est rendu par le ministre, avec ou sans amendement à l'entente. Un comité conjoint est alors chargé de l'application de la convention collective.

Les négociations de 1953 montreront toutefois au comité de négociation de quel bois se chauffe la Corporation des maîtres électriciens, qui s'objecte à un décret amendé. Voici un autre témoignage de Louis-G. Thériault, après que les parties eurent recouru à un tribunal d'arbitrage pour résoudre la situation.

La revue mensuelle *Le Progrès à la ferme* fait la promotion de l'électrification rurale dans les années 1950. Archives d'Hydro-Québec, Fonds Shawinigan Water and Power Company (F01).

Juin 1956, réélection de Duplessis : un vote pour la lampe électrique...

Lors de la campagne électorale du printemps 1956, Duplessis s'en prend aux libéraux en lançant une formule colorée, qui fait référence au progrès que constitue l'électrification, particulièrement en région rurale.

« Un vote pour l'Union nationale, dit-il, c'est un vote pour la lampe électrique, tandis qu'un vote pour nos adversaires, c'est un vote pour la lampe à l'huile. »

La réélection de l'Union nationale sera le dernier triomphe de l'ère duplessiste*.

* Après la mort de Duplessis le 7 septembre 1959, Paul Sauvé lui succède comme chef de l'Union nationale et comme premier ministre du Québec. Son règne ne dure que quelques mois, car il meurt à son tour subitement dans l'exercice de ses fonctions en janvier 1960. Antonio Barrette le remplace.

> [...] la majorité [de la Corporation] est composée d'artisans employant un ou deux employés, et qui sont autorisés, suivant la loi, à représenter les *contracteurs* ayant de nos membres à leur emploi. Ces représentants, avec qui nous ne faisons pas affaires et qui, dans la majorité, travaillent à leur propre compte sans aucun employé, se font le porte-parole des *contracteurs* qui emploient 100 hommes et plus... C'était vraiment triste d'entendre ces témoignages de ces supposés *contracteurs* suppliant le tribunal de ne pas accorder d'augmentations de salaires [...] (*The Electrical Worker*, janvier 1957)

Lors de la ronde de négociations de 1956, un autre avantage décisif est donné à la section locale 568: seuls les membres syndiqués obtiendront l'augmentation salariale négociée. Pour la première fois en 30 ans, la nouvelle clause salariale n'est pas rattachée au décret. Ceux qui joindront les rangs de la section locale 568 bénéficieront donc d'un salaire supérieur.

C'est après 18 longs mois que la négociation amorcée en 1958 se termine, après sentence rendue par un tribunal d'arbitrage. Bien que toutes les demandes syndicales ne soient pas satisfaites, cette sentence rencontre plusieurs grands objectifs de la section locale, et l'énumération suivante montre que plusieurs des enjeux d'alors sont toujours à l'ordre du jour aujourd'hui.

- Réduction du nombre d'apprentis (deux apprentis pour cinq compagnons);
- Frais de transport et temps de déplacement pour tout travail en dehors de Montréal;
- Différentiel sous forme de salaire horaire en sus du taux minimum établi par le décret pour la région de Montréal;
- Addition à la juridiction des ouvriers en électricité des «hommes de lignes» et des soudeurs;
- Atelier fermé à 100 % pour tous les *contracteurs* avec qui la section locale a une entente;
- Assurance des ouvriers contre le feu, le vol et les dommages causés par l'eau;
- Règlements de sécurité additionnels pour tous les membres travaillant sur des lignes électrifiées ou des endroits dangereux.

L'aménagement de la centrale de Carillon est le premier ouvrage d'envergure dont la direction est confiée à des ingénieurs francophones. Forts et fiers du savoir-faire acquis sur les chantiers de Beauharnois et de Bersimis, les ouvriers terminent dans les délais requis (un précédent?) ce qui deviendra le plus important barrage hydroélectrique de la rivière Outaouais. Un groupe de travailleurs posent ici pour la postérité. Archives d'Hydro-Québec, Fonds de la Commission hydroélectrique de Québec, 1044-1063 (H02).

Peu de temps après, la section locale 568 gagne l'accréditation des ouvriers d'Hydro-Québec affectés à la construction du barrage de Carillon.

À l'hiver 1962, la section locale 568 se dote d'un plan d'assurance collective, une première dans l'industrie québécoise du bâtiment. Elle se donne par la suite comme projet de négocier son propre régime de retraite, ce que le syndicat international ne doit pas voir d'un très bon œil, puisque cela risque de faire concurrence au régime de pension américain existant, un régime qui coûte cher aux ouvriers du Québec. Le régime de retraite des ouvriers québécois en électricité entrera en vigueur à l'automne 1964.

Au même moment, les règles de sécurité de la Commission des accidents du travail sont resserrées et, dorénavant, tous les chantiers de 10 ouvriers et plus devront disposer de l'équipement adéquat pour dispenser les premiers soins. Sur les chantiers de 200 ouvriers et plus, les employeurs devront embaucher à temps plein une personne qualifiée pour administrer les premiers soins. La section locale 568 salue cette victoire puisque l'amélioration de la santé et de la sécurité du travail sur les chantiers a été pour elle une revendication de la première heure.

Fait majeur, la convention collective négociée par la section locale 568 en 1963 s'appliquera à l'ensemble de l'industrie de l'électricité, à l'exception de son plan d'assurance, qui demeure une exclusivité de la section locale, un avantage exceptionnel par rapport aux autres organisations.

Une section locale en croissance

À partir du milieu des années 1950, on assiste à des années d'effervescence pour la section locale 568. Plus que jamais, celle-ci est bien vivante. Et cette vie ne se mesure pas qu'à ses traits distinctifs. Elle se mesure aussi au nombre de personnes qui participent activement à la vie syndicale.

Les participants aux assemblées abondent. Pierre Lecomte rappelle que les salles des assemblées étaient à ce point combles qu'il fallait parfois refuser des participants.

> On réservait une salle sur la rue Jean-Talon et chaque soir, un groupe de pompiers attendait pas trop loin et s'ils jugeaient que la situation était suffisamment dangereuse, vu le nombre de personnes, ils venaient nous demander de terminer l'assemblée.

L'extrait qui suit témoigne également du dynamisme qui anime les membres de la section locale :

> Quelques fois durant nos assemblées mensuelles, écrit Louis-G. Thériault, il arrive parfois que des membres se laissent emporter par l'ardeur de leur discussion sur un sujet quelconque et quittent la salle en colère lorsque leurs opinions ne semblent pas être acceptées par les membres présents ; il se peut que dans des cas semblables, quelques-uns des moins expérimentés soient inquiets, mais il ne faut pas s'alarmer outre mesure, au contraire, un peu trop d'ardeur démontre souvent des convictions bien fondées, et sans celles-ci, nous n'aurions pas d'union. Cependant, il est beaucoup mieux d'assister aux assemblées et d'émettre ses opinions bonnes ou mauvaises dans le but, toujours, d'aider son union locale, que de sortir en colère si celles-ci ne sont pas acceptées telles quelles. Le seul moyen d'éviter toute dispute au cours des discussions est de restreindre la liberté de parole, et une telle attitude serait contraire à nos principes si nous voulons demeurer démocratiques. (Paru en français, *The Electrical Worker*, juillet 1958)

Si le taux de participation aux assemblées est sans précédent et que les discussions sont musclées, la différence des points de vue s'exprime jusqu'aux élections de la direction. Pour la première fois en 1958, puis en 1960, les élections des officiers de la section locale opposent au moins deux candidats à chacun des postes[6].

Avec près de 2 000 membres, la section locale 568 est désormais en nombre suffisant pour offrir toute

6. Certains lecteurs reconnaîtront peut-être l'un ou l'autre de ces dirigeants : en 1958, Raymond Beaudry, Maurice Bourcier, Wilfrid Chartier, Gaston Fiset, Charles F. Ford, Henri Gagnon, Hugh Lafleur, Émile St-Amour et Laurent St-Laurent sont élus au comité exécutif. En 1960 : Fernand Boucher, Andrew Carson, Laurent Casaubon, Raoul Cuerrier, Henri Gagnon, Hugh Lafleur, Joseph Lavallée, Wilfrid L'Espérance, Philippe Lessard, Jacques Levasseur, Roméo Ouellette et Pierre Porteneuve.

Magnifiquement éclairée, la ville de Montréal se mire dans le fleuve. C'est aussi cela, le résultat du travail des ouvriers en électricité. iStock 604024650, libre de droit, Mirceax.

une gamme de services : visites de chantiers, surveillance de la sécurité, services juridiques, soutien actif dans des domaines comme l'assurance-chômage, les accidents du travail, le salaire minimum, etc. Cette plus grande autonomie est rassurante, car elle montre que la section locale est de plus en plus capable de voler de ses propres ailes. Et alors que Montréal s'urbanise et que les électriciens y trouvent toujours plus de travail, la section locale 568 s'étend dans toutes les régions du Québec.

Des ouvriers fiers de leur travail

Malgré les accidents de travail qui les frappent et les menacent constamment, les ouvriers en électricité sont toujours fiers de l'accomplissement de leur travail. C'est le cas des travaux des grands chantiers de développement de centrales hydrauliques, mais cela l'est aussi quand il s'agit de travaux de construction de grands édifices. La description des travaux reliés à l'édifice d'Hydro-Québec de la rue Dorchester à Montréal (boulevard René-Lévesque aujourd'hui) illustre cet enthousiasme :

Il me fait plaisir de vous parler un peu ce mois-ci d'une installation faite par nos membres et qui mérite certes « mention honorable » ; je veux parler de la sous-station souterraine de l'Hydro-Québec du boulevard Dorchester, réalisée par les employés de Bédard & Girard Ltée de Montréal.

Cette sous-station installée à 53 pieds en sous-sol comprend 6 transformateurs géants de 40 000 KVA et 15 transformateurs de 10 000 KVA, qui transforment l'énergie pour le réseau de distribution.

Un fait qui mérite bien d'être mentionné aussi est qu'on canalise la chaleur qui se dissipe des transformateurs vers des échangeurs qui servent à chauffer l'édifice de 27 étages directement au-dessus de la sous-station. D'autre part, un système de refroidisseur à l'air permet au besoin d'évacuer cette même chaleur à l'extérieur.

Et ce qui est mieux, c'est que ça fonctionne à merveille ! Cette sous-station, qui est la plus grosse sous-station souterraine du monde, servira à la demande de pouvoir toujours grandissante, pour la partie industrielle de la métropole située dans le centre de la ville de Montréal.

Montréal change de *look*

« La ville de Montréal subit actuellement une transformation étonnante – ses édifices jadis cachés derrière les palissades de bois d'un avant-poste de ville frontière s'élèvent de plus en plus haut et bientôt il nous sera impossible d'apercevoir la montagne à l'arrière-plan [...]

Déjà, les travaux de fondation sont commencés pour l'érection de cinq édifices dans la catégorie des gratte-ciel, dont deux avec plus de 40 étages, tous situés dans le bas de la ville ; tout semble indiquer que nous aurons une année prospère dans l'industrie du bâtiment en 1959 ; et nous espérons que nos membres auront leur part de cette prospérité industrielle [...] »

Louis-G. Thériault, *The Electrical Worker*, février 1959.

CHAPITRE 5

Deux obstacles barrent le chemin

Si la section locale 568 fait des gains importants grâce aux avantages qu'elle propose aux électriciens, elle doit par ailleurs réussir à surmonter deux obstacles.

L'un de ces obstacles est celui de la langue, encore une fois, alors que les communications avec le syndicat international continuent de se passer en anglais et que les membres, de plus en plus francophones, veulent être servis dans leur langue. L'autre obstacle est celui du taux de cotisation, alors que les organisations qui lui font concurrence offrent des conditions d'adhésion beaucoup plus avantageuses.

La question de la langue

Pour mieux faire connaître la section locale à ses membres, la direction réclame à nouveau la traduction en français de la documentation pertinente. En 1955, malgré les multiples demandes, la Constitution de l'IBEW n'est toujours pas traduite en français, ce qui est loin de faire l'affaire des membres québécois qui veulent mieux comprendre les rouages de leur syndicat. Ils devront attendre au printemps 1959. On se rappellera ici que la première demande d'une traduction française des statuts et règlements du syndicat international a été faite le 7 juin 1902 par la section locale 182 de Montréal.

Devant l'insistance, les contributions québécoises à *The Electrical Worker* commencent, en février 1955, à être publiées en anglais et en français dans chacun des numéros, ce qui provoquera de nombreuses critiques de la part des anglophones américains et canadiens qui ne voient pas l'utilité d'un tel « privilège ». Les membres francophones déplorent également le fait que sur les quelque 80 ou 120 pages que compte mensuellement *The Electrical Worker*, seulement 500 mots sont attribués à chacune des sections locales, ce qui ne leur permet pas de rendre compte convenablement de leurs activités.

La situation liée à la question linguistique est vraiment une préoccupation importante pour la section locale 568. Plutôt que de dénoncer ouvertement ceux qui prônent l'utilisation exclusive de l'anglais, elle choisit de vanter les mérites du bilinguisme et de la communication dans les deux langues pour mieux souder l'unité ouvrière.

Écrire en français, un privilège !

« Nous désirons remercier notre éditeur et président international pour continuer à nous donner le privilège d'avoir nos lettres imprimées en français et en anglais. Ceci peut sembler insignifiant à quelques-uns, mais pour la plupart de nos membres, ce geste de la part de notre éditeur est très apprécié.

Nous devons nous rappeler que les Canadiens français ont le droit autant que les membres de langue anglaise de faire partie de l'I.B.E.W. et malgré que notre connaissance de la langue anglaise soit pour quelques-uns très minime et limitée, et même un obstacle en certaines circonstances, néanmoins nos intentions et aspirations sont les mêmes que nos confrères de langue anglaise lorsqu'il est question d'union et de fraternité. »

Louis-G. Thériault, *The Electrical Worker*, décembre 1955.

Quelques mois plus tard, il reviendra à la charge en disant à ceux qui sont contre la parution bilingue des articles québécois que les membres de la section locale « paient leur cotisation avec des dollars imprimés dans les deux langues »…

Le pouvoir et la faculté de parole

> Le chômage a été un problème pour plusieurs de nos membres durant l'hiver dernier, écrit en 1958 Louis-G. Thériault, mais nous sommes heureux de constater que plusieurs de nos membres en ont profité pour se perfectionner et non pas seulement dans les matières de l'électricité, mais aussi dans l'étude du bilinguisme, c'est-à-dire le français et l'anglais. Ceci peut vous surprendre un peu, mais jusqu'à présent, c'est un fait reconnu que le bilinguisme est presque exclusivement un attribut des Canadiens français ; cependant, cette exclusivité disparaît rapidement… Par exemple, une classe de français a été instituée à Ottawa à la demande des membres du Parlement de langue anglaise, et les cours de français sont suivis par 37 membres, dont deux ministres.
>
> Le pouvoir et la faculté de parole sont des dons précieux… et ce don de la parole est encore plus grand lorsqu'on peut s'en servir dans deux langues ou plus et on devrait tous faire un effort pour se perfectionner et mieux se comprendre les uns les autres. (En français, *The Electrical Worker*, mars 1958)

Se comprendre les uns les autres, voilà l'enjeu. Volumineux, le journal de l'IBEW demeure inaccessible aux ouvriers québécois francophones, tout comme ses statuts et règlements. La visite occasionnelle des représentants internationaux se déroule en anglais et les services de traduction parfois offerts par l'international sont de piètre qualité.

L'importance accordée au français par la section locale 568 transparaît dans un article envoyé à *The Electrical Worker* par Louis-G. Thériault en décembre 1962, à l'occasion du départ à la retraite d'Albert Marquis, un militant qui n'a jamais baissé les bras et qui a redoublé d'efforts pour que le syndicalisme, au sein de la section locale, se passe en français. Ci-dessous, en encadré, un petit extrait de l'hommage rendu à Albert Marquis.

Lorsque, au début des années 1960, la bouilloire est sur le point d'éclater, la direction internationale fera quelques efforts pour amoindrir les difficultés linguistiques.

Après avoir fait traduire les statuts et règlements à la fin de 1959, la direction décide qu'à compter de 1964, en plus de réserver 500 mots à chacune des sections locales, le journal comptera une petite section bilingue, intitulée *Les nouvelles ouvrières du Canada*. Paraissant d'abord chaque mois, puis tous les deux numéros à compter de 1965, cette parution deviendra épisodique à partir de 1966. En 1967, la section locale 568 décidera de publier son propre journal, *L'électricien 568*. C'est Guy Perreault, le gérant d'affaires, qui en a eu l'idée et qui confie la tâche à Pierre Lecompte.

Le 24 juin 1964, pour la première fois selon Louis-G. Thériault, le mouvement ouvrier est invité à participer au traditionnel défilé de la Saint-Jean. Sachant combien cet événement est l'occasion annuelle pour le Québec d'affirmer ses particularités nationales, dont celui du « fait français », l'appel fait par le Conseil du travail de Montréal à la section locale 568 d'y représenter les ouvriers du bâtiment prend un sens bien particulier. L'affaire est d'autant plus significative que le Conseil des métiers et du travail de Montréal – essentiellement composé des syndicats internationaux – s'était déjà prononcé dans les années 1920 contre l'idée de déclarer le 24 juin fête légale, alléguant qu'il ne convenait pas de favoriser une nationalité au détriment d'une autre !

Un combattant pour le français

« Sans doute les membres se rappelleront de lui pour ses efforts continuels afin de conserver la langue française dans les délibérations des assemblées annuelles du local 568, ainsi que l'obtention, grâce à sa persévérance, des documents, règlements, etc., maintenant imprimés dans les deux langues pour les membres de notre local. »

Albert Marquis a joint les rangs de la section locale 568 en 1925. Il a été vice-président et président de la section locale et il a participé à plusieurs comités de travail. Il était électricien chez Mofax Électrique.

À travers la brève description que fait Louis-G. Thériault du 24 juin 1964, on décèle l'importance qu'il faut accorder à l'apport des Canadiens français. Et au même moment, à travers la décision de la direction internationale d'accorder aux francophones une petite place dans le mensuel de l'organisation, on décèle le respect que doit manifester l'IBEW envers la volonté de plus en plus grande de la section locale 568 de s'affirmer.

L'insistance de la section locale pour s'affirmer comme organisation canadienne-française commence à titiller les sections locales anglophones,

Char représentant les métiers du bâtiment. Montréal, 1964, défilé de la Saint-Jean-Baptiste. Archives de la Ville de Montréal, Album Flick Défilé 1964, VM94-Y-1-5-ED5-10.

24 juin – Fête nationale du Québec. Les ouvriers en électricité représentent le bâtiment

« Le Conseil du travail de Montréal avait accepté avec enthousiasme l'aimable invitation de la Société Saint-Jean-Baptiste de représenter les ouvriers de notre métropole et le Conseil, à son tour, choisit notre union locale à titre de représentante des ouvriers du bâtiment dans sa délégation.

Quinze confrères de notre union locale, sous la direction du représentant international W. Chartier, occupaient la première position, directement à la suite du char n° 16 du Conseil, et portèrent avec fierté la bannière de notre Fraternité devant un million de spectateurs dans le défilé contenant 24 chars allégoriques sur un parcours de cinq milles.

L'accent du défilé, cette année, était sur le moderne au lieu du traditionnel et représentait la contribution des Canadiens français à la croissance de leur nation sur le plan industriel… Nos participants n'oublieront pas de sitôt l'enthousiasme délirant de la foule et le bienveillant accueil qui leur fut témoigné… »

The Electrical Worker, août 1964.

Foule rassemblée devant l'hôtel de ville de Montréal, en 1967, lors de la visite du général Charles de Gaulle, au cours de laquelle il a prononcé son célèbre « Vive le Québec libre ! ». Archives de la Ville de Montréal, Album Flick 1967, VM94-Ed37-04.

ailleurs au Canada et aux États-Unis. Elles cherchent à savoir si, derrière cette affirmation linguistique, ne se cachent pas des velléités d'autonomie organisationnelle. L'affaire prend assez d'ampleur pour qu'au congrès de l'AFL-CIO de juin 1968, le vice-président international William Ladyman y prononce un discours où, manifestement, il tente de minimiser la situation, comme en témoignent les extraits suivants :

> [...] Nos Canadiens de langue française, particulièrement dans la province de Québec, insistent énergiquement sur « le fait canadien-français ». Mais laissez-moi vous rassurer, notre Fédération canadienne n'est pas en voie de division, maintenant ou dans un avenir rapproché [...]
>
> Il est évident que la façon la plus efficace de lutter contre les corporations gigantesques internationales, les pieuvres monolithes qui s'étendent de l'Alaska à la Floride, et du Labrador à la Californie, est de leur opposer la contre-puissance des syndicats internationaux [...]
>
> Notre solidarité, représentée par l'affiliation du CTC à l'AFL-CIO et par la détermination continuelle de 70 % des syndicalistes canadiens d'appartenir aux syndicats internationaux, subit constamment l'attaque d'éléments subversifs de gauche représentant des puissances étrangères, de groupes ultranationalistes canadiens et également d'industries internationales et multinationales...

Précédant de peu la tenue du congrès américain de juin 1968, le général Charles de Gaulle avait prononcé à Montréal son célèbre « Vive le Québec libre ! ». Le cri avait tellement d'importance qu'on en parle toujours aujourd'hui, l'égo des nationalistes québécois y voyant un cri du cœur de la mère patrie...

Vive le Québec libre ! « Un malentendu d'un grand général français... qu'on envoya promener ! »

« Quelquefois, des malentendus surviennent. En effet, un grand général français vint récemment de la vieille France pour visiter l'Expo et pour voir s'il ne pourrait pas libérer le Québec de son esclavage imaginaire par Ottawa. Après quelques heures d'agitation, et sans égard au protocole, on l'envoya promener. » (*sic*)

William Ladyman, vice-président international, *The Electrical Worker*, juin 1968.

Mais pour le vice-président Ladyman, chargé des sections locales canadiennes, l'affaire est parue tellement insignifiante qu'il est même allé jusqu'à dire que les Québécois ont envoyé promener le général !

On comprendra facilement que l'obstacle de la langue n'a jamais pu être levé par l'IBEW et que dans les années 1960 comme dans les années 1950, il représente toujours une entrave importante au recrutement. Cela devient encore plus percutant lorsque la FTQ, à compter de 1961, réclame le français comme langue de travail et de négociations, de même que dans la rédaction des textes de conventions. C'est en 1969 que la FTQ adopte une politique de la langue où elle précise ses positions sur le français, langue de travail, mais aussi sur la langue d'enseignement, d'affichage, etc. Ses positions influenceront par la suite les rédacteurs du projet de loi 101.

À cet obstacle linguistique se joint celui du taux de cotisation.

La question des cotisations

Pour mieux comprendre le rôle que jouera le niveau de cotisation dans le développement de la section locale 568, il faut savoir qu'il existe deux taux de cotisation au sein de l'International Brotherhood of Electrical Workers. L'un est payé par les membres qui ont le statut A, c'est-à-dire qui travaillent directement dans l'industrie de l'électricité au sein du secteur de la construction et qui bénéficient du régime de pension américain. L'autre, moins élevé, est payé par les membres qui ont le statut BA, c'est-à-dire ceux qui travaillent comme ouvriers dans les usines de fabrication d'appareils électriques. Ces derniers ne cotisent pas au régime de pension.

Un autre élément utile à la compréhension est le fait que le fonds de pension américain ne représente pas un grand bénéfice pour les électriciens québécois. On y reviendra un peu plus loin, mais ayons en tête qu'au Québec, très peu d'ouvriers peuvent espérer travailler à temps plein et suffisamment longtemps pour bénéficier d'une bonne retraite, contrairement à ce qui se passe aux États-Unis où, de façon générale, le climat plus clément permet un travail plus stable et sur toute l'année. D'autre part, la moyenne d'âge des travailleurs québécois est alors de 30 ans et très peu se rendent jusqu'à l'âge de 45 ans, tous essayant de trouver ailleurs du travail sur une base permanente.

En 1955, l'IBEW demande à ses membres de statut A d'augmenter substantiellement leur cotisation. Tous les membres A qui travaillent et qui paient 1,60 $ par mois pour le fonds de pension – et dont l'employeur ne contribue pas à hauteur de 1 % – devront payer 2,60 $ (soit une augmentation de 62,5 %) à compter du 1er janvier 1956 et 3,20 $ à compter de l'année suivante. L'accroissement total, tout compte fait, est donc de 100 % ! Les représentants de la section locale 568 votent en faveur de cette augmentation, qui n'est pas sans causer le mécontentement de plusieurs membres et, surtout, qui gêne encore plus le travail de recrutement.

En juin 1957, deux ans seulement après cette augmentation, l'IBEW redemande à ses membres de statut A d'accroître la cotisation générale mensuelle de 0,10 $ par mois à deux reprises, soit le 1er janvier et le 1er août 1958.

Cette fois, c'est à l'unanimité que les 1 665 voix de la section locale 568 se prononcent contre cette augmentation, qui fait en sorte qu'une catégorie de membres paie deux fois plus que l'autre.

Comme on le verra maintenant, c'est à ce moment précis que commence la saga qui conduira la grande majorité des membres de la section locale 568 à rompre avec le syndicat international et à fonder leur propre organisation. C'est le début de la fin… ou le début du commencement de la FIPOE.

CHAPITRE 6

La section locale 568 réclame plus d'autonomie

En 1962, la section locale 568 est plus que jamais déterminée à entreprendre une vaste campagne d'organisation parmi les électriciens du Québec.

Jugeant que le niveau de cotisation exigée par l'IBEW auprès des électriciens travaillant dans l'industrie (statut A) est trop élevé, la section locale demande au syndicat international une dispense qui lui permettrait de recruter les électriciens sur la base du niveau de cotisation payée par les membres de statut BA. En décembre 1962, cette dispense est accordée à la condition que les membres ayant déjà le statut A continuent de payer leur niveau de cotisation et qu'il leur soit interdit de transférer du statut A au statut BA. La section locale 568 accepte cette proposition, d'autant plus que certains de ses membres de statut A cotisent depuis longtemps et qu'ils se rapprochent de la retraite.

La section locale 568 se jette corps et âme dans la campagne de recrutement, mais faute de ressources, elle réussit tout au plus à recruter 200 membres au cours des premiers mois de 1963. C'est alors que Roger Perreault, organisateur bien connu chez les Teamsters, est appelé à la rescousse, de même que le sera, un peu plus tard, Guy Perreault, électricien de métier rattaché alors au Conseil des métiers du bâtiment et de la construction de Montréal et banlieue.

Sur le plan international, le nouveau vice-président affecté aux sections locales canadiennes, W. Ladyman, désigne, en plus de son représentant international au Québec, Henri L. Roy, deux autres individus bien connus, l'ex-président et agent d'affaires de la section locale 568, W. Chartier, ainsi que son secrétaire correspondant durant plusieurs années, Louis-G. Thériault, devenus entre-temps représentants internationaux.

De nouvelles sections locales font leur apparition, à Sept-Îles, à Trois-Rivières et à Québec notamment. Dans plusieurs des cas, la section locale 568 est autorisée à représenter les nouveaux membres à l'extérieur de la région montréalaise. Tous les nouveaux membres ont le statut BA.

À l'été 1964, la section locale 568 représente 75 % des nouveaux travailleurs appelés sur les chantiers.

Au même moment, la FTQ est plongée dans la bataille du bill 54, qui aboutira à l'adoption du Code du travail. La section locale 568 milite activement dans cette campagne pour faire modifier le projet de loi, qu'elle traite d'« affront au mouvement syndical », un affront qui brime les droits du travail et qui remet la convention collective entre les mains des tribunaux civils. « C'est la négation même du régime de la négociation collective… ».

L'opposition syndicale s'organise. En lien avec le mouvement des syndicats des secteurs public et parapublic qui réclament eux aussi la libre négociation et le droit de grève, la FTQ et la CSN convoquent l'une après l'autre un congrès et une assemblée extraordinaire. La FTQ est la seule à adopter une résolution en faveur de la grève générale, en l'absence de rectifications acceptables au projet de loi.

Le 22 juillet 1964, la quatrième version du bill 54 est adoptée, après avoir fait l'objet de modifications majeures, concédant plusieurs revendications aux organisations syndicales.

Et c'est dans le sillon des travaux parlementaires sur le bill 54 que les ouvriers en électricité obtiennent du ministère du Travail la formation d'un comité d'examen sur l'opportunité d'un test annuel obligatoire prescrit aux apprentis. Au bout d'une dizaine d'années de lutte, la section locale 568 aura eu raison d'une situation qui n'accordait que peu d'importance aux exigences requises pour devenir compagnon. C'est Henri Bossé qui représente la section locale au sein du comité et Fernand Boucher à la Commission d'apprentissage des métiers du bâtiment. La section locale 568 devient dès lors un interlocuteur reconnu par les autorités gouvernementales.

Photographie prise lors du vote syndical à Hydro-Québec en 1966. Au centre, on reconnaît Fernand Daoust, secrétaire général de la FTQ. Archives FTQ, Photo Illustrations of Canada.

La syndicalisation d'Hydro-Québec : un événement qui change le monde !

Il est nécessaire d'ouvrir ici une parenthèse sur un événement qui a tout changé sur l'échiquier syndical au milieu des années 1960, celui du vote d'allégeance à Hydro-Québec. L'enjeu est de taille : la syndicalisation touche 7 500 employés. L'ex-président de la FTQ, Henri Massé, explique cette bataille (voir encadré page suivante).

Si les électriciens ont influencé l'histoire syndicale en se retirant du vote à Hydro-Québec, ils ont aussi pesé de tout leur poids en remportant haut la main plusieurs campagnes de recrutement. Avant les années 1950, la section locale 568 pouvait compter sur les doigts de la main, ou un peu plus, le nombre d'employeurs avec lesquels elle était capable de signer des conventions collectives. En quelques années, les signatures se sont multipliées, notamment à partir du travail de recrutement opéré à Gentilly, où la future centrale nucléaire allait voir le jour. Alors organisateur, Pierre Lecompte se souvient de la facilité avec laquelle l'équipe de recruteurs réussissait alors à réunir de nombreux travailleurs et à les convaincre de signer leur carte d'adhésion syndicale.

Pour Henri Massé, la FIPOE a posé un geste de générosité qui a changé le cours de l'histoire syndicale et cimenté la FTQ comme aucune autre organisation. « C'est un fait d'histoire incontournable, dont il faut se souvenir à tout prix », dit-il. Photothèque FTQ, Serge Jongué.

> À partir de 1966-1967, dit-il, on a vraiment eu le vent dans les voiles, surtout avec la venue de la nouvelle équipe Perreault et la nomination de délégués de chantiers. Sous la gouverne de Léonard Whittom, on est passé de zéro délégué à au moins un, sinon trois, par *contracteur*. Une véritable explosion [...]

« Pour la FTQ, le vote à Hydro-Québec a tout changé. »

Henri Massé

« Certains prétendent que la plus grande réalisation de Louis Laberge est la création du Fonds de solidarité. C'est effectivement un beau succès.

Mais sa plus grande contribution fut et demeure d'avoir fait de la FTQ une véritable centrale québécoise autonome. Pour moi, il n'y a pas de doute, c'est la plus grande réalisation de Louis Laberge, et de loin ! Et ce que l'on sait moins, c'est que la FIPOE* a joué un rôle décisif dans ce processus.

Je rappelle les faits : la FTQ faisait alors partie des nombreuses fédérations du travail canadiennes ou nord-américaines liées aux syndicats internationaux, avec plus ou moins d'autonomie. Le CTC s'immisçait souvent chez nous, avec un point de vue qui ne reflétait pas la situation québécoise.

Laberge avait bien compris qu'en continuant comme cela, la FTQ ne serait qu'une succursale de ses pendants canadiens et nord-américains.

En même temps, c'est au Québec que la concurrence syndicale était la plus féroce.

Au début des années 1960, la CSN avait le vent dans les voiles. Avec l'appui du clergé et du gouvernement, elle faisait de grandes percées dans les hôpitaux et les employés de l'État. Elle avait aussi beaucoup de succès dans son maraudage contre certains syndicats de la FTQ, particulièrement les syndicats internationaux, où les cotisations étaient plus élevées et où l'usage de l'anglais était courant**.

Le vote à Hydro-Québec a tout changé

Lors de la nationalisation de l'électricité, il y eut un vote d'allégeance syndicale. Y étaient présentes la CSN et la FTQ (à travers trois de ses syndicats, la Fraternité des ouvriers en électricité, l'Union internationale des travailleurs des produits chimiques (UITPC) et le Syndicat canadien de la fonction publique (SCFP)). S'il y avait eu un vote entre les quatre syndicats CSN, FIPOE, UITPC et SCFP, c'est la CSN, à coup sûr, qui passait. À la demande de Louis Laberge, la FIPOE et l'UITPC ont décidé de se retirer du vote et le SCFP en est sorti gagnant… ainsi que la FTQ, bien sûr***.

Avec ce vote, on a stoppé la saignée dans nos rangs et on a repris du poil de la bête. Résultat : on a doublé la CSN en nombre et plusieurs des syndicats de cette dernière sont venus joindre nos rangs.

J'ai souvent répété que ce geste de générosité de la "FIPOE" a changé le cours de l'histoire et a cimenté la FTQ comme aucune autre organisation à travers l'Amérique du Nord. Malgré quelques accidents de parcours, le ciment a tenu. Il a fait de la FTQ la centrale syndicale la plus originale, la plus présente et la plus puissante.

Pour moi, c'est un fait d'histoire incontournable dont il faut se souvenir à tout prix. »

* La FIPOE, telle qu'on la connaît aujourd'hui, n'était pas encore née de la scission avec le syndicat international. Plus justement, il faudrait parler de la FIOE.

** On comprend mieux l'explication donnée par Henri Massé quand on sait qu'au début des années 1960, plusieurs batailles d'allégeance avaient été perdues par la FTQ : Commission de transport de Montréal, Transport provincial (le Voyageur), Consumers Glass, Hôpital général juif, Hôpital Royal Victoria, Conseil des ports nationaux, Robin Hood, Ogilvie et Maple Leaf, etc. À la CSN, on allait jusqu'à annoncer la mort de la FTQ… Cette dernière a entrepris et réussi à faire tourner le vent, à travers la campagne amorcée en 1964 à Hydro-Québec. Le 2 octobre 1966, Louis Laberge dira que ce succès a marqué la « mort d'un mythe », celui de la CSN toute-puissante.

*** Le 30 septembre 1966, le SCFP devient l'unique agent négociateur pour l'ensemble des 7 500 hommes de métiers, employés de bureau et techniciens à l'emploi d'Hydro-Québec, auparavant réunis au sein de 33 unités de négociation, dont le SCFP et la CSN sont les plus importantes.

Pour en connaître davantage, voir *L'histoire de la FTQ, des tout débuts jusqu'en 1965*, FTQ, Montréal, 1988, p. 256-261.

Léonard Whittom, excellent organisateur pour la section locale 568, est l'un des fondateurs de la FIPOE. Il restera un militant à toute épreuve tout au long de sa vie active au sein du syndicat. Photothèque FTQ, Serge Jongué.

En 1966, on peut se féliciter d'avoir conclu une quarantaine d'ententes. Pas moins de deux années plus tard, leur nombre atteint 130 !

En 1967, la direction de la section locale est complètement renouvelée et formée d'une jeune équipe de six personnes que certains reconnaîtront encore aujourd'hui : Guy Perreault est agent d'affaires, Claude Dubuc, représentant aux relations ouvrières et à l'assurance-groupe, Yvon Baillargeon, représentant à la retenue syndicale, Roland Fiset, représentant aux griefs et au service, Pierre Lecompte, représentant à la publicité et à la recherche, ainsi que Léonard Whittom, représentant pour les chefs d'ateliers.

Pour cette nouvelle équipe, les succès pourraient être encore plus grands. Alors que la section locale 568 est reconnue comme partie contractante pour la région de Montréal, elle ne l'est pas pour les 12 autres décrets régionaux et c'est la CSN qui mène le bal. Pourtant, les ententes conclues par la section locale sont étendues à travers la province et la main-d'œuvre qu'elle représente est la mieux payée ! À Montréal, pour ne prendre qu'un exemple, elle a une influence telle qu'elle réussit à convaincre le Comité de travail pour l'Expo 1967 que l'installation des infrastructures électriques de l'exposition universelle doit être l'œuvre exclusive d'ouvriers en électricité syndiqués.

Mais c'est tout le monde de la construction qui fourmille sur le chantier, comme le décrit le « vieux Gustave[7] » dans le *Monde ouvrier* de mars-avril 2007 (40e anniversaire d'Expo 67) :

> À six mois de l'ouverture, environ 6 000 travailleurs s'affairaient sur le chantier de l'Expo… Les ouvriers rencontrés sur le chantier d'Habitat 67 y travaillent depuis 34 jours, à raison de 10 heures par jour, sans aucune journée de repos ! […]
>
> En 10 mois, pour agrandir les deux îles sur le fleuve Saint-Laurent, il fallut transporter 15 millions de tonnes de terre et de roche. Les deux plus puissants dragueurs au monde excavèrent 6 825 000 tonnes du lit du fleuve. Le reste fut transporté par camions des excavations du métro de Montréal.

7. Robert Demers, conseiller syndical retraité de la FTQ, a emprunté le pseudonyme du « vieux Gustave » pour signer plusieurs rubriques historiques du *Monde ouvrier*. Voir les archives de la FTQ sur son site Internet.

Progression des travaux de construction sur le chantier de l'Expo 67. Bibliothèque et Archives nationales du Québec, Flickr, Cote P97, S1, P13279.

Il a fallu voir à l'érection, entre autres, de 847 édifices, 27 ponts, 51 miles de routes ou de chemins piétonniers, 23 miles d'égouts et de tuyaux d'écoulement, 107 miles de canalisation pour l'eau, le gaz, l'électricité et l'éclairage. Il fallait aussi installer ou aménager des espaces de stationnement pour plus de 24 000 véhicules, 14 950 acres de gazon, 898 000 arbustes, plantes et bulbes, 256 piscines, fontaines et sculptures, des bancs pouvant asseoir 6 200 personnes, 4 330 bacs à déchets et 6 150 *fixtures* d'éclairage extérieur !

À la tour nord du chantier, quelques électriciens posent pour l'histoire ! De gauche à droite : Jean-Louis Néron, Wilfrid Perron, Donat Bernier, R. Gendron, Jean-Marc Bienvenu, Jean Fafard, Germain Brossoit, Johnny Manitta, Michel Lalonde, Albert Gosselin, Claude Labonté et Jean-Louis Groleau. *The Electrical Worker*, mai 1967.

Le travail à Montréal ne manque donc pas, ce qui aide au recrutement, mais les efforts doivent être mis sur la présence en région de la section locale 568. C'est le plan d'action qu'elle se donne.

Construire le pont-tunnel Louis-Hippolyte-La Fontaine...

Outre l'immense chantier de l'Exposition universelle de 1967 de Montréal, la construction du pont-tunnel Louis-Hippolyte-La Fontaine mobilise les ouvriers en électricité. *The Electrical Worker* de mai 1967 décrit ces installations :

« Qui donc aurait pu penser que la construction du pont-tunnel Louis-Hippolyte-La Fontaine donnerait de l'ouvrage à tant d'électriciens ? Il y a trois ou quatre semaines, plus de 170 électriciens s'affairaient sur les chantiers de construction de ce projet…

C'est la firme Namur Equipment Limitée qui fait office d'entrepreneur électricien à cet endroit et c'est elle qui a été chargée de la pose de toutes les canalisations électriques ainsi que de tous les appareils de régulation, d'éclairage, de chauffage, de communication, etc.

Cette firme a affecté deux de ses meilleurs employés à ce projet : Claude Lambert, ingénieur électricien, qui se charge de résoudre les problèmes techniques de génie, et Jean-Guy Vermette, qui a la tâche de diriger les travaux et de résoudre les problèmes concrets.

Il s'agit d'un contrat initial de trois millions de dollars pour la firme Namur Equipment. […]

M. Vermette nous a décrit en détail les installations électriques du pont-tunnel. Nous allons en énumérer quelques-unes.

Le tunnel Louis-Hippolyte-La Fontaine se divise en deux, une voie se dirigeant vers le nord et une autre vers le sud. Elles sont séparées par une voie centrale de service complètement cachée aux regards.

Aux entrées et sorties nord et sud, sur une distance de 602 pieds, on a posé 324 câbles chauffants à six pouces d'intervalle l'un de l'autre dans une chaussée de 39 pieds de largeur.

Dans le tunnel, d'une longueur de 4 561 pieds, se trouvent 88 puisards chauffés, des signaux de circulation tous les 400 pieds, des compteurs de véhicules, 7 caméras de télévision dans chaque partie du tunnel installées de façon permanente, 143 panneaux pour l'éclairage fluorescent, des détecteurs automatiques d'incendie, des détecteurs à neige, des cabinets d'incendie contenant un téléphone, 3 500 pieds d'appareils d'éclairage de 8 pieds, etc.

L'éclairage intérieur du tunnel se règle automatiquement grâce à un dispositif à cellule photo-électrique. Plus il fait clair dehors, plus l'intérieur du tunnel s'illumine, pour éviter que les automobilistes ne soient aveuglés par un changement trop brusque d'éclairage.

Enfin, le tunnel comprend deux tours de ventilation qui servent à l'aérer et à débarrasser l'air ambiant du monoxyde de carbone et de la poussière qu'il contient. Chaque tour de ventilation renferme 16 moteurs d'une puissance de 150 ou de 250 H.P.

Pour évacuer l'air vicié du tunnel, on fait fonctionner huit moteurs ; pour amener l'air pur, on en fait fonctionner autant. Chaque tour renferme aussi deux générateurs diesel de 500 KVA, qui serviront en cas de panne à l'Hydro-Québec. La tour nord du tunnel est munie d'un centre de commande où le tableau de contrôle sert à régler et à vérifier toutes les installations électriques du pont-tunnel.

Le tout est alimenté par six transformateurs de 12 000 volts. La tension est transformée à 600 volts à partir de la rue Notre-Dame jusqu'à Boucherville.

Maintenant que le projet est à la veille de se terminer, on travaille le samedi et le dimanche. C'est le temps de faire du travail supplémentaire pour les électriciens. »

The Electrical Worker, mai 1967.

Différends avec Washington

Une décision du 28e congrès international de l'IBEW (octobre 1966) vient alors heurter de front les projets du syndicat québécois. La cotisation de 3,20 $ payée par les membres de statut A pour le fonds de pension est désormais fixée à 10,00 $, à compter de janvier 1967. Mais ce n'est pas tout. Le congrès se prononce également sur l'obligation de respecter rigoureusement les règles qui régissent les membres de statut A (électriciens de l'industrie) et les membres de statut BA (hors industrie). On se souviendra que la section locale 568 avait obtenu plus tôt une dispense lui permettant de recruter sur la base exclusive du statut BA, c'est-à-dire sur la base d'une cotisation concurrentielle par rapport à celle des autres organisations.

Guy Perreault, Claude Dubuc, Yvon Baillargeon et Léonard Whittom, les quatre délégués de la section locale 568 au congrès de l'IBEW, votent contre ces propositions et reviennent à Montréal avec la ferme intention de passer outre à la directive les obligeant à recruter des membres de statut A.

Le syndicat international commence à vérifier plus étroitement les rapports financiers du syndicat québécois. En juin 1967, il appert que près de la moitié des 3000 membres de statut A ont été transférés au statut BA. Le représentant international Louis-G. Thériault demande aux dirigeants québécois de faire respecter les décisions du congrès. En juillet 1967, un mois plus tard, la vérification montre que non seulement le transfert de statut se poursuit, mais que la section locale se refuse toujours à recruter des membres de statut A. Tous les nouveaux membres ont le statut BA.

C'est alors que s'amorce une série d'échanges et de rencontres entre le syndicat international et les dirigeants du Québec, ces derniers tenant mordicus à maintenir la dispense qui leur permet de recruter sur la base du statut BA. Rien n'y fait. Ils demandent alors de rencontrer directement le président international, Gordon Freeman. Accompagnée du vice-président international affecté au dossier (William Ladyman), la délégation québécoise est composée d'Henri Gagnon (président de la section locale), Guy Perreault (gérant d'affaires), Claude Dubuc (assistant de Perreault) et de Pierre Lecompte, secrétaire à l'information.

Le président Freeman refuse la demande de la section locale et réitère la décision du congrès de 1966 qui doit s'appliquer partout, sans souffrir d'exception. Et il exige que les membres qui ont opéré un transfert de statut réitèrent le statut A.

En août 1968, on constate que seulement 14 membres ont réintégré le statut A. Le bureau de Washington menace alors la section locale de sanctions.

Quatre mois plus tard, en décembre, le constat est clair : pas un seul membre n'a bougé.

> Et cela se comprend facilement, dit Pierre Lecompte, parce que si on avait obéi, ça aurait été la fin du recrutement. Moi, par exemple, j'étais à Sherbrooke en 1968 et au cours d'une seule soirée, avec du bouche à oreille, 125 personnes ont répondu à l'appel. À Québec, c'était la même chose, avec Whittom.

Après un dernier ultimatum lancé en janvier 1969, le secrétaire international Joseph D. Keenan informe en mars la section locale que l'IBEW refusera désormais les cotisations provenant des membres BA.

Rien ne change pour la section locale. Le rapport financier d'avril 1969 montre que les nouveaux recrutés l'ont tous été au statut BA.

Washington décide de sévir : seules les cotisations conformes (membres A et membres BA hors industrie) sont dorénavant acceptées.

En pratique, les enjeux sont importants. Officiellement, la section locale 568 n'est désormais composée que des membres A et BA en règle et reconnus par le syndicat international. Or, en vertu des dispositions du bill 290 en vigueur depuis le 1er janvier 1969 au Québec, tous les employés du secteur du bâtiment doivent être affiliés, soit à la FTQ, soit à la CSN. La section locale décide donc que tous ses membres seront affiliés à la FTQ et que seuls ses membres en règle du point de vue du syndicat international continueront de verser une partie de leur cotisation à Washington.

Avant l'adoption du bill 290, on ne peut pas dire que les règles de représentation aux tables de négociations étaient claires et nettes. Un document du service de recherche de la Commission de la construction du Québec (CCQ) explique brièvement ce qu'il en était dans l'encadré de la page 66.

En vertu des dispositions du bill 290, la section locale 568 obtient juridiction provinciale et toutes les sections locales regroupant des électriciens sont amalgamées en son sein. Elle a alors le vent dans les voiles pour concrétiser son plan d'action, pour s'implanter en région et devenir l'organisation majoritaire des électriciens du Québec. Si la nouvelle loi lui donne davantage de liberté d'action sur le territoire du Québec, elle se révélera par contre – comme nous le verrons plus loin – complètement inopérante pour la conclusion de conventions collectives.

Le 6 septembre 1968, 8 000 travailleurs membres du Conseil provincial des métiers de la construction du Québec (identifié à la FTQ) manifestent contre le bill 290 et se dirigent vers le parc Jeanne-Mance. Photothèque FTQ, Federal Photos.

Le bill 290

En juillet 1968, et comme cela avait eu lieu quelques mois plus tôt à Sorel et à Gentilly, un affrontement assez spectaculaire oppose les électriciens de la FTQ et ceux de la CSN sur le chantier de l'aluminerie Reynolds. Alors que le chômage frappe, tous se disputent les emplois. L'événement enclenche une véritable guerre dans l'industrie du bâtiment.

Cette guerre pousse le ministre du travail Maurice Bellemarre à déposer le projet de loi 290, le fameux bill 290* afin de mettre de l'ordre dans cette industrie qui constitue une véritable jungle, avec ses conditions de travail disparates. Il entend uniformiser la situation, instaurer la syndicalisation obligatoire dans un contexte de pluralisme syndical et permettre la négociation sectorielle à travers le Québec. Le temps des décrets est révolu.

La Fédération des travailleurs et travailleuses du Québec est alors reconnue comme association représentative « à l'égard du Conseil provincial du Québec des métiers de la construction, des conseils des métiers de la construction et des syndicats qui leur sont affiliés ».

On reviendra un peu plus loin sur les difficultés d'application du bill 290.

* Maurice Bellemarre est un ex-serre-frein des chemins de fer syndiqué aux Cheminots, député de Joliette et ministre du Travail pour l'Union nationale. Craignant que l'Union nationale ne mette un frein à la Révolution tranquille, Louis Laberge, président de la FTQ, fera de son mieux pour influencer le nouveau ministre du Travail, un gars qui vient des rangs syndicaux. Lorsque le bill 290 est présenté, Laberge saluera la syndicalisation obligatoire et le pluralisme syndical dans la construction, mais combattra avec succès la menace faite aux bureaux syndicaux de placement et autres prérogatives syndicales. Une fois adopté, le projet de loi 290 deviendra la Loi des relations de travail dans l'industrie de la construction. Le terme « Bill 290 » est par ailleurs utilisé dans le langage courant.

Choisir son syndicat

(Extrait d'un texte de la CCQ sur l'histoire du vote d'allégeance syndicale dans la construction – Direction recherche et organisation, mars 2007)

« De 1934 à 1968, le choix des syndicats habilités à négocier se faisait de façon ad hoc, à l'échelle régionale. Rappelons que la Loi des décrets de convention collective, sous laquelle évoluait alors l'industrie de la construction, permettait l'extension juridique, à toute l'industrie, des conventions collectives négociées par des groupes de syndicats et d'employeurs. Les regroupements syndicaux ou patronaux se faisaient alors le plus souvent sur une base régionale, quoique certains métiers possédaient des ententes à l'échelle provinciale. Dans les faits, la CSN (ou la CTCC avant 1960) négociait la plupart des conventions régionales à l'exception de celle de Montréal où le Conseil provincial du Québec des métiers de la construction (CPQMC) était également partie prenante. L'appartenance syndicale n'était par contre pas obligatoire même si le décret s'appliquait à tous les travailleurs du secteur. Mais les parties contractantes pouvaient signer parallèlement une clause d'atelier fermé, qui signifiait que les employeurs directement signataires s'engageaient à n'embaucher que des membres de tel ou tel syndicat. Des clauses d'atelier fermé pouvaient aussi être signées "par-dessus" le décret, par l'une ou l'autre des centrales.

Au cours des années 1960, l'existence de clauses d'atelier fermé occasionne des conflits entre les deux grandes centrales et, en 1968, le nouveau bill 290 exclut l'industrie de la construction du Code du travail et, notamment, nomme d'office les deux centrales comme parties négociantes de chacun des décrets régionaux, à la condition que les deux représentent ensemble au moins 20 % des travailleurs de la région. La FTQ est alors reconnue comme association représentative à l'égard du CPQMC. Celui-ci sera d'ailleurs souvent appelé FTQ-Construction par la suite. Selon les nouvelles règles de 1968, chacune des centrales se trouve à avoir un droit de veto sur les résultats de la négociation. »

Forte de ces nouvelles prérogatives, la section locale fait à nouveau appel, à l'été 1969, au bureau international afin d'obtenir une aide financière spéciale pour réussir cette campagne de recrutement. Têtue, la direction internationale réitère qu'une telle aide financière ne lui serait fournie que si elle respecte intégralement les règles relatives aux différents statuts, A et BA.

Faisant fi de cette réponse, la section locale 568 ouvre à l'été 1969 sept bureaux de recrutement dans tout le Québec et engage 20 représentants à temps plein[8] qui ont un message on ne peut plus clair : ne recruter que des membres BA. Les difficultés financières se multiplient et la section locale 568 décide de retenir la totalité des cotisations de ses membres A et BA. Elle emprunte également 25 000 $ du fonds de bien-être et contracte un emprunt de 10 000 $ auprès de la Banque Canadienne Nationale.

Quelques mois plus tard, le bureau de Washington rappelle à la section locale 568 ses retards de cotisation et, devant l'inaction de cette dernière, décide de convoquer une assemblée spéciale afin d'expliquer le point de vue du syndicat international. L'entreprise est inutile.

La section locale poursuit sa campagne de recrutement. Neuf membres BA décident alors d'entamer des procédures légales contre ceux qui, de Washington, voudraient obliger le syndicat québécois à respecter des directives américaines qui obligent ses membres à avoir le statut de membre A et à cotiser au fonds de pension américain.

La campagne de recrutement connaît un succès éclatant. À la fin de 1969, la section locale 568 représente 90 % des électriciens du Québec, avec 9 000 membres, dont moins de 2 000 ont le statut A.

8. Pierre Lecompte, alors représentant au sein de la section locale 568, se souvient de chacun d'eux : Richard Fradette (Abitibi), Ronald Gagnon (Hull), Paul Bachand (Granby), Laval Rioux (Sherbrooke), Jacques Ferland (Gaspésie), Bruno Rioux (Sept-Îles), Jean-Marc Gauthier, Eudor Rousseau et Yves Roy (Québec), Raymond Langlais et Edmond Poirier (Chicoutimi), Pierre Émond (Trois-Rivières), André Desjardins, Roger Fontaine, Pierre Gérard, Claude Labonté, Jean Lavallée, Yvon Lavoie, Marcel Paquin et Pierre Plessis-Bélair (Montréal).

Cependant, les cotisations non payées au bureau-chef atteignent 150 000 $, une somme énorme pour le temps (environ un million de dollars aujourd'hui).

Malgré le succès du travail d'organisation de la section locale 568, la tutelle est imposée par Washington le 22 juin 1970 et c'est le représentant international Percy Schlotzhauer qui sera le tuteur. Six mois plus tard, il est remplacé par Georges Petta, assisté de Louis-G. Thériault. La seule mention de *The Electrical Worker* sur cette mise en tutelle sera faite en septembre 1971, exposant en trois lignes que celle-ci a été rendue obligatoire, « en dépit du fait que la section locale 568 recrute plusieurs milliers de nouveaux membres à l'échelle du Québec ».

Pendant ce temps, au Québec…

Le monde de l'électricité au Québec

C'est à cette période que le « projet du siècle » voit le jour, la construction du complexe La Grande à la Baie-James, sous l'égide du gouvernement de Robert Bourassa, élu le 29 avril 1970 avec 44 % des voix, après avoir promis à la population la création de 100 000 nouveaux emplois. Nous reviendrons plus loin sur le sujet.

Crise d'Octobre

Simultanément, c'est tout le Québec qui s'apprête à vivre la crise d'Octobre, alors que le Front de libération du Québec procède à deux enlèvements. Le premier, celui du diplomate britannique James Richard Cross, a eu lieu le 5 octobre et le second, celui du ministre du Travail Pierre Laporte, a eu lieu le 10 octobre, cinq jours plus tard.

On sait que le 16 octobre, le gouvernement fédéral de Pierre Elliott Trudeau proclamera la Loi des mesures de guerre et que l'armée canadienne débarquera dans les rues de Montréal.

Le 17 octobre, Pierre Laporte a été exécuté et James Richard Cross, libéré le 3 décembre, en échange d'un sauf-conduit vers Cuba pour ses ravisseurs.

Une vaste coalition syndicale dénoncera la Loi des mesures de guerre, ce « viol » des droits et libertés et appellera à un mouvement d'envergure pour sauver la démocratie.

Mais la mort de Pierre Laporte a fait basculer l'opinion publique dans le camp de la loi et l'ordre. Retour au calme…

CHAPITRE 7

La métamorphose de la section locale 568 mène à la FIPOE

La période de mise en tutelle de la section locale 568, de 1970 à 1972, est pleine de rebondissements. Du côté du syndicat international et de son tuteur, on décide de la suspension du journal de la section locale, de l'élimination des dépenses de voyage et de mises à pied des représentants, par ancienneté et au rythme de trois tous les trimestres… car il faut diminuer la dette envers Washington. Du côté des militants opposés à la tutelle, on décide d'occuper les locaux de la section locale tant que la tutelle ne sera pas levée. Pour mieux montrer l'unanimité des membres de la section locale, ce sont des membres de statut A – dûment en règle – qui prennent l'initiative. Les couteaux volent bas. En juin 1971, *Le Journal de Montréal* laisse entrevoir que des accusations de fraude financière pourraient être portées contre les dirigeants de la section locale. L'ouverture des livres comptables montre que les « grandes dépenses » de ses dirigeants ont été faites exclusivement pour soutenir le travail d'organisation et de recrutement.

Du côté du syndicat international, on aimerait bien miner à la base ce que l'on croit être la position d'une minorité, de quelques « éléments subversifs de gauche », disséminés en région. On tente de diviser les rangs et de convaincre certaines sections locales de se dissocier de la position des dirigeants de la section locale 568[9]. On accuse ces derniers d'émettre de fausses cartes, etc.

Toutefois, le rapport du tuteur Georges Petta ne peut tromper l'observateur. Il est là pour constater les faits, et les faits sont têtus. Sa position est exposée dans un éditorial du numéro de juin-juillet 1971 de *L'Électricien 568*, et si elle ne donne pas entièrement raison aux dirigeants et militants de la section locale 568, elle est loin d'épouser le plaidoyer draconien de la direction internationale. En fait, le tuteur est à deux doigts de louanger le travail de la section locale, comme on peut le constater dans les extraits ci-dessous.

En fait, lorsque Georges Petta considère qu'il faut examiner la question du point de vue de la législation du Québec, et qu'il explique que la question des statuts A et BA sera difficile à résoudre, il fait référence, implicitement, aux raisons qui motivent la section locale 568 de tenter de se soustraire à la cotisation au fonds de pension américain. Deux articles parus dans le journal de la section locale en août 1971 fournissent ces explications.

Et à côté des différences géographiques, climatiques, politiques ou législatives, les membres québécois diffèrent largement des membres des États-Unis, et le fonds de pension qu'on leur offre de Washington ne correspond aucunement à leurs besoins.

En juin 1971, dans le brouhaha que la mise en tutelle provoque au sein de la section locale, le président Henri Gagnon et le gérant d'affaires Guy Perreault démissionnent. Le tuteur permet à la section locale de procéder à leur remplacement. Élus par acclamation, Guy Daoust et Roland Fiset occupent dorénavant les postes de président et d'agent d'affaires.

Après plus d'un an de mise en tutelle, l'impasse persiste et la section locale 568 songe de plus en plus à de désaffilier de l'IBEW. En septembre 1972, l'assemblée annuelle convient de demander à la FTQ de l'accepter comme nouveau syndicat indépendant, conformément à la loi des syndicats professionnels du Québec. L'avocat Michel Décary acceptera de faire les démarches appropriées. Le gérant d'affaires Roland Fiset annonce par la suite à Georges Petta qu'il ne sera plus admis dans les locaux de la section locale 568. De nouvelles serrures sont installées. Le tuteur est mis à la porte.

C'est à l'unanimité que l'assemblée donne le mandat aux membres du bureau exécutif de faire cesser l'ingérence de Washington dans les affaires de la section locale.

9. Cela réussira à Québec, alors que les 25 membres de statut A décident de former la section locale 614, sous la direction de Jean-Marc Gauthier.

Que faire maintenant ?

« [...] Le tableau doit être envisagé sous deux angles différents : tout d'abord au niveau de la province de Québec, ensuite à l'échelle plus large de la Fraternité internationale des ouvriers en électricité dans son ensemble.

À l'intérieur de la province de Québec, c'est un fait indéniable que la section locale 568 a fait un travail excellent en organisant les non-organisés, en représentant ses membres, en s'opposant aux législations défavorables (bills 290, 81, 68, 49, etc.*) et en obtenant occasionnellement des changements substantiels de la part des législateurs.

Ce que le 568 a accompli peut être mieux évalué et apprécié si l'on compare cette section locale à celles des autres métiers de la construction du Québec. Nous découvrons alors que c'est le seul syndicat à posséder une juridiction à l'échelle provinciale, et à donner à ses membres des services à la grandeur de la province [...] »

Georges Petta cite ensuite les propos du vice-président international, William Ladyman :

« Les officiers, les représentants et les membres de la section locale 568 doivent être loués pour le travail qu'ils ont fait et pour le déterminisme dont ils ont fait preuve en poursuivant leur objectif d'organiser chacun des électriciens du Québec dans la FIOE.

Ils n'ont pas fait qu'en parler, ils ont pris la route et ont travaillé, rendant ainsi possible ce que beaucoup de gens qualifiaient d'impossible. »

Et Georges Petta de noter ensuite que si les problèmes financiers causés par des dépenses de recrutement justifiées commençaient à être résorbés, il en était autrement du problème du statut des membres : « [...] la question de membres "A" sera une question plus difficile à résoudre, tant pour le syndicat local que pour le Bureau international de la FIOE. »

Georges Petta considérait qu'il fallait examiner la question à la lumière de la législation du Québec, reconnaissant pour ainsi dire que la section locale québécoise devait pouvoir bénéficier d'une certaine « autorité » quant à sa gouvernance.

* Le bill 290 portait sur les relations ouvrières-patronales dans l'industrie de la construction ; le bill 81, sur le régime supplémentaire de rentes dans l'industrie de la construction ; le bill 68, sur le chapitre 45 de la loi qu'il a amendé (décret imposé le 19 décembre 1970 se terminant en mai 1973) ; le bill 49, sur la qualification de la main-d'œuvre ; on peut aussi mentionner le bill 79 sur les comités paritaires.

La question du fonds de pension américain

Voici quelques extraits d'un texte intitulé *Membres « A » et « BA »* paru dans *L'Électricien 568* d'août 1971.

« Le fonds de pension est valable pour les électriciens des locaux fermés des États-Unis. Ceux-ci peuvent travailler jusqu'à l'âge de leur retraite et, de plus, ils manquent rarement de travail. Mais ici au Québec, nous avons une situation contraire. [...]

En somme, l'histoire de nos difficultés, c'est celle de deux pays où le mouvement syndical a évolué différemment. Deux pays où les législations ouvrières ne sont pas les mêmes. Ainsi nous sommes pris entre deux faits qui se contredisent. D'un côté, il y a la constitution de la FIOE dont nous sommes une filiale et de l'autre côté, il nous faut tenir compte, sous peine de disparaître en tant que syndicat important, de la situation québécoise et des législations provinciales en matière de travail et de syndicalisme. »

« Pour les membres de la Fraternité au Québec, c'est tout ou rien. Si nous ne représentons pas la majorité des électriciens, nous n'aurons plus aucune influence à l'échelle de notre propre métier. [...]

Il faut de toute évidence que la haute direction de la FIOE comprenne la nécessité pour la section locale 568 de représenter les électriciens de chez nous dans les conditions du Québec d'aujourd'hui. »

Disparités Québec/États-Unis

« Mais comme la nature nous a placés sous le ciel québécois, il serait idiot de nous demander de vivre au rythme de nos confrères des grandes villes des États-Unis. Autant demander aux Esquimaux de suivre la mode des bikinis et des hot pants en vogue en Floride et aux Bahamas. »

« La moyenne d'âge des membre du 568 est d'environ 30 ans. Cela s'explique du fait qu'après l'âge de 45 ans, il est difficile de gagner sa vie dans l'industrie québécoise de la construction.

Dans la proportion de 97 %, les électriciens que l'on voudrait assujettir au fonds de pension n'en retireront jamais le bénéfice. Autant leur demander de jeter leur argent à l'égout.

Pour bénéficier pleinement du fonds de pension, il faut au moins 20 ans de participation continue et avoir atteint l'âge de 65 ans. Tous comprendront que la grande majorité des électriciens du 568 ne rempliront jamais ces conditions. »

« L'adhésion obligatoire au fonds de pension (américain) ne saurait servir de fondement pour unir tous les électriciens du Québec. Elle ne sert pas non plus la solidarité internationale des travailleurs du continent nord-américain. Au contraire, elle représente un danger sérieux pour l'unité et une menace sérieuse pour l'existence de la FIOE sur le sol québécois. Pour toutes ces raisons et beaucoup d'autres, il faut que l'adhésion au fonds de pension demeure le libre choix de chacun des membres de la section locale 568. »

L'électricien au courant, septembre 1971.

On sait que la haute direction américaine ne souscrira pas une seule fois aux revendications québécoises et se refusera à tenir compte du fait que les travailleurs de la construction du Québec cotisent obligatoirement à la pension de vieillesse du fédéral, au régime des rentes du Québec et au régime supplémentaire de retraite de l'industrie de la construction.

Devant le déroulement de ces faits, la direction internationale est pour le moins secouée. Après réflexion, elle propose rapidement de régler la situation de la manière suivante : elle ne s'objectera pas à l'existence d'une section locale formée de membres BA dont la constitution serait sous la juridiction du Congrès du travail du Canada[10] et à condition que les dirigeants et militants de la section locale 568 cessent de déblatérer contre le syndicat international.

L'offre est R-E-F-U-S-É-E ! Place à la FIPOE

Le 12 octobre 1972, Léonard Whittom, appuyé par Yvon Baillargeon, propose la création de la Fraternité interprovinciale des ouvriers en électricité, la FIPOE. Elle sera alors dirigée par Roland Fiset (secrétaire financier et gérant d'affaires), Guy Daoust (président), Paul Bachand (vice-président), Pierre Émond (secrétaire-archiviste) et Édouard Marcoux (trésorier).

Une nouvelle campagne d'adhésion s'amorce. La récolte est bonne : plus de 11 000 ouvriers de l'électricité signent leur carte. Du jamais vu ! La FIPOE réussit à garder la vaste majorité des membres de la section locale 568 et en gagne de nouveaux. Le 13 août 1973, le ministre des institutions financières, compagnies et coopératives autorise la fondation de la FIPOE et le texte de sa Constitution est signé par dix-sept dirigeants.

Deux mois ne se sont pas passés que la section locale 614 de Québec, dont les membres avaient décidé de quitter la section locale 568 au moment de la bisbille, déchire sa charte de l'IBEW et revient au bercail. Plusieurs monteurs de lignes, qui avaient formé leur propre section locale quelques années plus tôt, rejoignent les rangs de la FIPOE. Plus tard, ce sera au tour des électriciens de la téléphonie (section

10. Comme on l'a vu un peu plus tôt dans le témoignage d'Henri Massé sur le vote à Hydro-Québec, le Congrès du travail du Canada s'immisçait autant qu'il le pouvait dans les affaires québécoises et ses syndicats affiliés étaient, au Canada, les pendants des unions américaines. C'est ce à quoi aurait mené la proposition de l'IBEW.

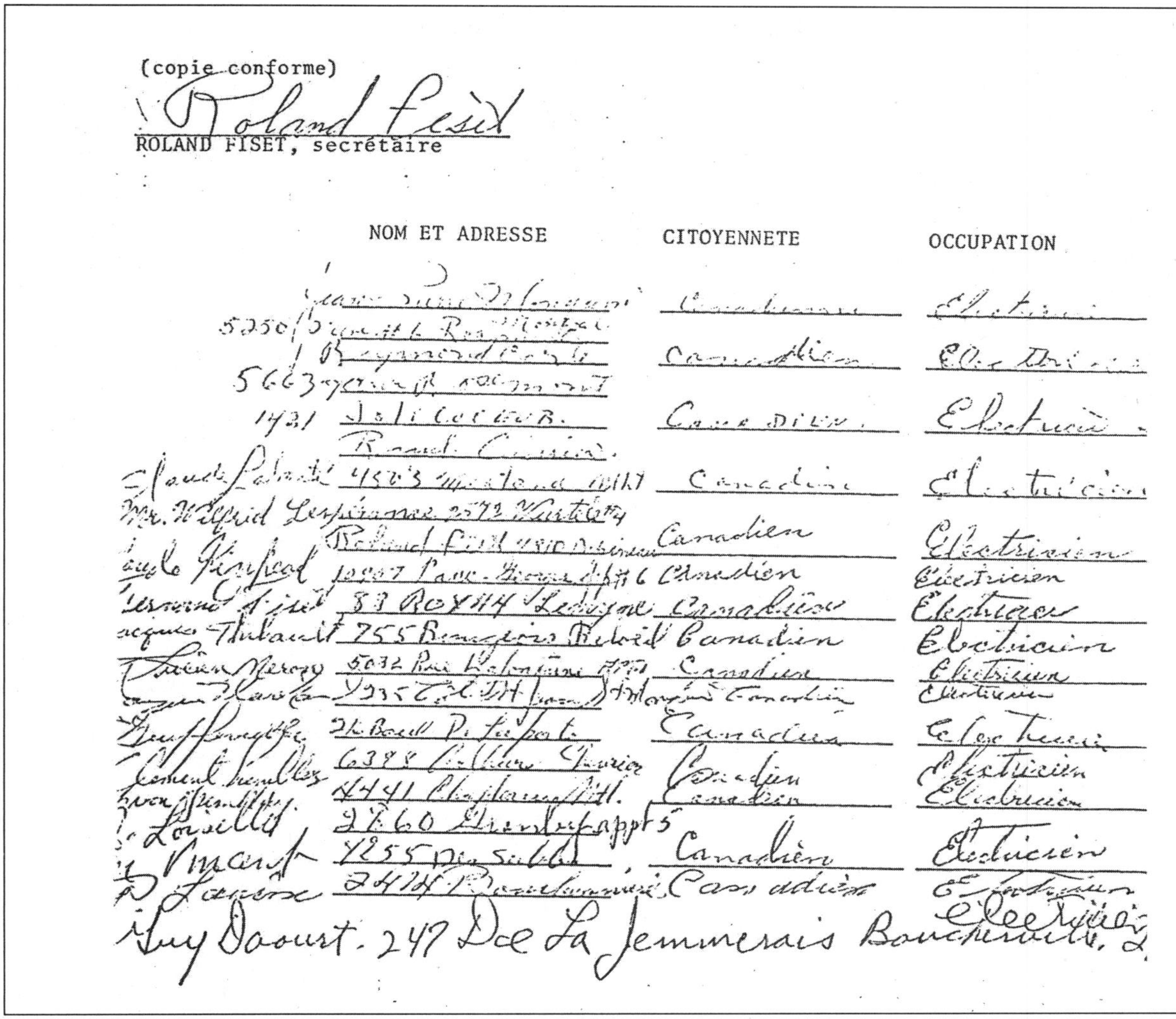
(copie conforme)

ROLAND FISET, secrétaire

NOM ET ADRESSE CITOYENNETE OCCUPATION

Les dix-sept signataires de la nouvelle Constitution de la FIPOE sont : Roland Fiset, Jean-Pierre Mongrain, Raymond Carle, Raoul Currier, Claude Labonté, Wilfrid Lespérance, Claude Kinkead, Fernand Fiset, Jacques Thibault, Lucien Néron, Jacques Marchand, Guy Léveillé, Clément Tremblay, Aristide Loiselle, M. Vincent, Paul Laurin, Guy Daoust. Archives FIPOE.

locale 2200 de Québec Téléphone) de quitter les rangs de l'IBEW pour rejoindre la FIPOE.

La section locale 568 n'a pas été entièrement sabordée. Se conformant aux règlements du syndicat international, quelques membres « en règle » maintiennent leur adhésion, de même que certains partisans de la FIPOE qui tenteront de l'intérieur de la miner une fois pour toutes. Jean Lavallée et Pierre Lecompte font partie de ces derniers. Le premier est chargé d'y recruter les électriciens du secteur de la construction et le deuxième, ceux du secteur manufacturier. Une année plus tard, ils rejoignent les rangs de la FIPOE, embauchés à titre de représentants.

De bonne guerre, la FIPOE et la FTQ concluent une entente avec l'IBEW en vertu de laquelle elles s'abstiendront de maraudage au sein des groupes d'électriciens représentés par cette dernière dans l'industrie manufacturière.

Puis, en 1974, cinq ans après que neuf des membres A ont entrepris des procédures légales pour contrer l'obligation de souscrire au fonds de pension américain, la Cour supérieure du Québec leur donne raison.

Ouvrier en électricité, Pierre Lecompte devient par la suite organisateur et représentant syndical pour la section locale 568. Il fait ensuite partie de l'équipe de direction de la FIPOE et responsable de l'information et de la recherche. Photothèque FTQ, Serge Jongué.

Électricien de 1961 à 1969, Jean Lavallée a successivement occupé les postes de représentant à la section locale 568, puis à la FIPOE. En 1977, il a été élu directeur général et secrétaire financier de la FIPOE postes qui l'ont occupé jusqu'au moment de sa retraite, en 2010. Membre Fondateur de la FTQ-Construction, il a participé à plusieurs instances de la FTQ. Photothèque FTQ, Serge Jongué.

Les chantiers se multiplient

Alors que le milieu du 20e siècle est surtout marqué par la construction des grands barrages et centrales hydroélectriques, la fin des années 1960 et celles qui ont suivi le sont par une diversité de chantiers plus gros les uns que les autres, qui occupent une grande partie de la main-d'œuvre dans l'industrie de la construction.

Outre les infrastructures de l'Exposition universelle, la construction d'autoroutes, du tunnel Louis-Hippolyte-La Fontaine ou du métro, pensons au chantier de l'aéroport de Mirabel, à celui, voisin, d'un immense parc industriel, à celui de la Goodyear à Valleyfield. Le centre-ville de Montréal en entier ressemble à un vaste chantier: place Desjardins, Centre international de l'aviation, place Dupuis, Institut du tourisme et de l'hôtellerie, cégep du Vieux-Montréal, Télé-Métropole, Musée des Beaux-Arts, hôtel Holiday Inn, C.P. Télécommunications… et plusieurs autres!

Fait notable, la FIPOE s'entend avec le SCFP dont les membres, à Hydro-Québec, font de plus en plus de travail d'installation électrique sur des chantiers comme ceux mentionnés ci-dessus. L'entente stipule que l'installation et le raccordement des services auxiliaires d'électricité (éclairage, ventilation, thermostats, transformateurs, etc.) seront désormais confiés à des entrepreneurs électriciens, de même que la mise en terre intérieure et l'installation de supports de câbles à haute tension.

Construction de la station de métro Sherbrooke, juin 1965. Archives de la Ville de Montréal, VM94-Md26-056.

Ayant conquis son indépendance et donc un plein pouvoir, la FIPOE pèse de tout son poids. Représentant la quasi-totalité des ouvriers en électricité du Québec, elle voudra rapidement asseoir son autorité dans toutes les régions du Québec, sans exception, tout comme les autres syndicats de la FTQ dans la construction, d'ailleurs.

Après s'être débarrassée du fonctionnement hautement bureaucratique du syndicat international, la FIPOE entend de plus s'ouvrir aux autres organisations syndicales ailleurs dans le monde et c'est avec enthousiasme qu'elle organise, en 1977, un voyage en France… qui ne répond pas tout à fait à ses attentes.

Pour réussir à devenir l'organisation exclusive des ouvriers en électricité du Québec, la FIPOE n'a pas d'autre choix que d'affronter les autres organisations syndicales, dont la plus puissante, dans le secteur de l'industrie de l'électricité, est alors la CSN.

La FIPOE ne sera d'ailleurs pas la seule à vivre de tels affrontements. Ce sera le lot de l'ensemble des syndicats liés à la FTQ.

Pour mieux comprendre les rivalités intersyndicales qui opposeront les syndicats de la FTQ à la CSN dans l'industrie de la construction, surtout sur les plus gros chantiers, il est nécessaire de faire un retour sur les règles qui régissent les relations de travail au début des années 1970.

La FIPOE, ennemie de la bureaucratie

« Notre but était de connaître la vie de l'électricien de construction en France.

Malheureusement, nous devons l'avouer, il ne fut pas atteint : nous n'avons pas eu de rencontre avec les véritables travailleurs de la construction, mais plutôt avec des représentants de centrales syndicales, des maires, des représentants de compagnies, des ingénieurs, etc. […] »

« Il est surprenant de constater qu'après autant de révolutions et de luttes de classes, la hiérarchie qui existe soit tellement développée : le système d'échelons social existe partout, aussi bien dans les syndicats que dans le parti communiste […] »

Comme quoi la FIPOE se veut un syndicat près de sa base…

Source : numéro de juin 1968 du journal *FIPOE*.

Les relations de travail dans les années 1970

On a vu, un peu plus tôt, que jusqu'à l'adoption du bill 290, la CSN était l'organisation contractante pour 12 des 13 décrets de la construction, alors que la section locale 568 l'était pour la grande région de Montréal. Bien évidemment, les unions internationales tentaient, chaque fois qu'elles en avaient l'occasion, d'empiéter sur le terrain de la CSN et, plus souvent qu'autrement, des chicanes musclées éclataient.

Des extraits d'un mémoire de la FTQ présenté au Conseil consultatif du travail et de la main-d'œuvre le 5 février 1971 résument bien l'état de la situation qui prévalait à la fin des années 1960.

Conflits sur les chantiers

« Une multitude de conflits allaient surgir lorsqu'un employeur pénétrait dans une région où la CSN détenait un monopole syndical et que cet employeur favorisait l'entrée de main-d'œuvre d'allégeance FTQ. Les membres d'une centrale étaient souvent tenus de verser, en vertu de la formule Rand, des cotisations syndicales à la centrale rivale. Ils devaient souvent aussi assumer des diminutions de salaires considérables. C'était là autant de sources d'explosion de violence. […]

[Ces conflits] découlaient de l'imprécision de notre législation ou, plus précisément, de l'absence de législation propre au secteur de la construction.

Une autre dimension de ces conflits a touché la mobilité de la main-d'œuvre. L'envergure de certains travaux rendait nécessaire l'afflux de travailleurs spécialisés, mal reçus par les populations locales, convaincues de se faire voler des emplois

Ce furent entre autres les désordres et les batailles rangées de Pigott Construction sur les chantiers de l'Atlas Steel Project à Tracy en 1962, ceux des plombiers et électriciens à Québec en 1965, ceux de la Russ Associate sur le chantier de Price Brothers à Alma en 1966 et les tristement célèbres échauffourées de la Canadian Bechtel sur un chantier de la British Aluminium à Baie-Comeau en 1968.

Ces déchirements sanglants auxquels s'adonnaient les travailleurs n'étaient pas pour solutionner les problèmes de fond auxquels ils sont confrontés. La FTQ en avait conscience et elle fut la première à souhaiter qu'une législation moderne permette un rétablissement de la justice dans un secteur économique qui prenait d'année en année une importance capitale au Québec. »

C'est pour en finir avec cette jungle qu'en 1967, le ministre Maurice Bellemarre décide de mettre sur pied un comité d'étude formé de représentants des cinq associations patronales et de deux représentants des centrales syndicales FTQ et CSN. Les cinq associations patronales sont la Fédération de la construction du Québec, la Corporation des maîtres électriciens, la Corporation des maîtres mécaniciens en tuyauterie, l'Association des constructeurs de routes et des grands travaux et, enfin, l'Association provinciale des constructeurs d'habitations du Québec.

À ce moment-là, les objectifs de la FTQ sont clairs :

1. Mettre un terme aux luttes intersyndicales qui opposaient les membres d'une même famille.
2. Rendre possible et courante la mobilité de la main-d'œuvre.
3. Uniformiser dans la mesure du possible les conditions de travail, en particulier les fonds de sécurité sociale, l'assurance et les vacances.
4. Uniformiser la carte de compétence, la définition des métiers, les normes d'apprentissage, la juridiction professionnelle industrielle et les normes de sécurité.

Aussitôt présenté, le bill 290 est longuement discuté et amendé. Pour la FTQ, la recette pour une paix durable dans l'industrie de la construction demande cinq ingrédients :

- la reconnaissance du caractère spécifique de l'industrie de la construction ;
- la reconnaissance des parties contractantes ;
- la reconnaissance du principe de la liberté syndicale ;
- des négociations à l'échelle provinciale ;
- la reconnaissance des bureaux syndicaux de placement.

Le bill 290 est adopté en décembre 1968. L'industrie de la construction, désormais, n'est plus assujettie au Code du travail ni à la Loi des syndicats professionnels et bénéficie d'un régime spécifique. Le bill favorise une seule négociation pour l'ensemble de l'industrie, ou à défaut, des négociations régionales, abolit les contrats négociés par métier, introduit la liberté syndicale (le « pluralisme » dira-t-on) et la syndicalisation obligatoire et il maintient les bureaux syndicaux de placement. Pour pouvoir être assises à la table de négociation, la FTQ et la CSN doivent représenter au moins 20 % des travailleurs d'une région.

Comme il est souvent difficile de passer de la théorie à la pratique, le bill 290 se révélera impossible à appliquer et, rapidement, la FTQ et la CSN exigeront des modifications majeures.

En mai 1970, les discussions syndicales-patronales sur l'application du bill durent depuis plus d'un an et les négociations sont prises dans un carcan tel qu'il est impossible de trouver une issue.

Le Conseil consultatif du travail et de la main-d'œuvre convie les parties à lui soumettre des solutions pour résoudre la situation. Dans son mémoire de février 1971, la FTQ doit se résoudre à admettre que plusieurs anomalies persistent et qu'un « climat de guérilla continuel » se perpétue, « qui force l'une et l'autre des deux centrales à remettre les coups reçus. C'est un cercle vicieux ».

Si, pour la FTQ, « la dualité syndicale reconnue par le bill 290 a dédramatisé les situations, elle n'a pas favorisé les accords ». Et surtout, cela a conduit les associations représentatives à ne pas jouer le rôle qui leur est dévolu. Elles ont été « plus préoccupées de survivre et de s'accroître que de défendre les besoins fondamentaux de leurs membres ».

« La conséquence immédiate et prévisible de cet état de fait, conclut le mémoire de la FTQ, c'est que toute entente satisfaisante aux intéressés est impossible. »

Pour la FTQ, la seule manière d'en finir est de ramener à deux parties représentatives la composition de la table de négociation, et ces parties respecteront les associations minoritaires en développant

Annonce d'une convocation à une assemblée d'information sur le bill 290, 11 mai 1970. *Montréal-Matin.* Archives Henri Gagnon-UQAM.

des structures internes respectueuses de la disparité de leur représentation. Du côté syndical, la FTQ est convaincue que seule la tenue d'un vote d'allégeance syndicale à la grandeur de la province peut conduire à un dialogue constructif, jusque-là illusoire.

Depuis l'adoption du bill 290, en effet, aucune entente n'a été librement consentie entre les parties. En 1969, vu l'impossibilité d'en venir à une entente satisfaisante, les négociations s'étaient conclues par l'imposition unilatérale d'un décret gouvernemental et, en août 1970, après une grève dans la région de Montréal, par l'imposition du projet de loi 38 qui deviendra la Loi concernant l'industrie de la construction.

Le projet de loi 38 reconnaît alors le droit de veto des sept parties représentatives, ce qui empêche de facto l'application des mécanismes sous-jacents à toute négociation, et elle interdit le recours à des moyens de pression, ce qui entraîne une paralysie totale des relations de travail. Par ailleurs, à défaut d'entente sur un règlement des conditions de travail, la loi remet le pouvoir de décision à une commission parlementaire de l'Assemblée nationale, qui a dès lors le pouvoir de décret. De plus, la loi met fin à la mise en application des conditions de travail par les comités paritaires et remplace les bureaux syndicaux de placement par des bureaux régis par des centres de main-d'œuvre tout à fait inopérables. Rien de mieux pour tourner en rond…

Dans le sillon de la Loi sur l'industrie de la construction issu du projet de loi 38, le projet de loi 68 (Loi modifiant la Loi sur les relations de travail dans l'industrie de la construction) de décembre 1970 crée le poste de commissaire de la construction, chargé de faire la démarcation entre ce qui relève ou non de l'industrie de la construction et les autres industries. Cette loi est constamment contestée dans son application. Puis le 1er juillet 1971, la Commission de l'industrie de la construction est créée et chargée de l'application du décret des conventions collectives, de la sécurité sur les chantiers et des contrôles quantitatifs et qualitatifs de la main-d'œuvre de la construction. En mars 1972, une autre modification législative vient interdire aux travailleurs de la construction d'adhérer à plus d'une centrale, fixe les périodes de changement d'allégeance et indique que les grèves, lock-out ou ralentissements de travail seront sujets à des sanctions sévères. Encore une fois, rien n'est réglé…

Le constat est clair : aucune de ces mesures législatives n'aura réussi à faciliter l'harmonie dans les relations de travail au sein de l'industrie de la construction et à favoriser le règlement de conventions collectives.

Il faudra attendre l'adoption du projet de loi 9, en juin 1973, pour voir la lumière au bout du tunnel. Cette loi modifie la Loi sur les relations du travail dans l'industrie de la construction. Comme l'existence d'un droit de veto amenait jusque-là une impasse dans les négociations, les modifications s'appliquent au principe de la représentativité, en introduisant la règle de la majorité. Dorénavant, l'association ou la coalition qui atteindra plus de 50 % de représentativité pourra conclure, seule, les négociations. La loi élimine la notion d'associations « réputées représentatives », qui permettait à la CSN et au CPQMC d'être reconnus d'office. Que ce soit une association patronale ou syndicale, le poids de chacune sera évalué au mérite, incluant toute nouvelle association. Le calcul sera établi d'après les listes des associations qui désirent être reconnues, en utilisant une moyenne de trois pourcentages : celui du nombre de membres, celui des heures travaillées et celui des salaires gagnés. De plus, la nouvelle loi oblige dorénavant une négociation à l'échelle provinciale.

Mais le cercle vicieux décrit en 1971 par la FTQ s'est tellement agrandi qu'il sera pratiquement impossible d'empêcher les événements liés au saccage de la Baie-James.

CHAPITRE 8

Les grands remous du chantier de la Baie-James

Au moment où la FIPOE fait ses premiers pas à titre d'organisation syndicale autonome, le monde de l'hydroélectricité au Québec se prépare en vue des travaux de l'un des plus grands chantiers, celui de la Baie-James.

Mais pendant ces pourparlers, les travaux de construction ont commencé sur le chantier et, au printemps 1974, à l'image de ce qui s'est passé quelques années plus tôt, le climat de travail s'envenime rapidement. La concurrence entre les organisations syndicales atteint un sommet, et le 21 mars 1974 survient ce qu'on appellera désormais le « saccage » de la Baie-James.

La Commission Cliche, chargée d'enquêter par la suite sur ce « saccage », reconnaîtra d'ailleurs les difficultés liées à l'éloignement de la main-d'œuvre dans son rapport de mai 1975.

Signature, en 1975, de la Convention de la Baie-James. De gauche à droite : Billy Diamond, du Grand Conseil des Cris, Gérard D. Lévesque, vice-premier ministre du Québec, et Robert Kanatewat, du Grand Conseil des Cris. Archives d'Hydro-Québec, Fonds Hydro- Québec (H01).

Le monde de l'électricité au Québec

Annoncé à toute vapeur en vue des élections de 1970 par les libéraux de Robert Bourassa, qui promettent 100 000 emplois, le projet de la Baie-James, dès son origine, est mal ficelé.

Tout d'abord, les études de faisabilité commandées font peu de cas de l'impact environnemental et humain. Cela n'empêche pas les équipes d'Hydro-Québec de s'activer à la création de trois centrales sur la Grande-Rivière, soit LG-2, LG-3 et LG-4.

Puis le président de la Société d'énergie de la Baie-James, Robert A. Boyd, doit concéder rapidement l'existence de difficultés techniques et logistiques.

Enfin, il faut compter l'opposition des 5 000 résidents cris du territoire qui craignent les retombées sur leur environnement et leur mode de vie. Le ministre fédéral des Affaires indiennes du temps, Jean Chrétien, les appuie et va jusqu'à financer leurs recours devant les tribunaux.

En novembre 1973, le juge Albert Malouf de la Cour supérieure du Québec ordonne, par injonction, de stopper les travaux. Cette injonction sera vite levée par la Cour suprême du Canada, mais le gouvernement Bourassa devra négocier avec les autochtones.

Après plus d'un an de négociations, la Convention de la Baie-James et du Nord québécois sera signée le 11 novembre 1975 par les gouvernements du Canada et du Québec, la Société d'énergie de la Baie-James et le Grand Conseil des Cris. La convention accorde une compensation financière aux Cris et leur concède la gestion des services de santé et d'éducation.

« Il n'est pas nécessaire d'être un psychologue industriel pour savoir que l'éloignement, la vie isolée d'hommes séparés de leurs familles et le dur labeur qu'ils ont à accomplir sont susceptibles de créer chez ces travailleurs des frustrations susceptibles de dégénérer en violence. Que viennent, au surplus, s'infiltrer des éléments indésirables et tout peut arriver. » (Page 288 du rapport)

Au-delà des conditions bien réelles d'éloignement, il y a aussi la situation d'ensemble qui règne sur le chantier, une véritable jungle.

André Leclerc rappelle la description qu'en fait le mémoire de la FTQ présenté à la commission Cliche en septembre 1974, intitulé *Pour les véritables travailleurs de la construction, le droit au travail*:

> D'emblée, on affirme que « le problème des luttes intersyndicales n'est que l'une des conséquences pénibles d'une situation globale », c'est-à-dire du « fonctionnement anarchique d'une industrie qui constitue une caricature » d'un régime économique qui recherche « le profit maximum en exploitant au meilleur compte possible le matériel humain. [...] L'instabilité économique qui caractérise cette industrie est maintenue et encouragée par les pouvoirs publics qui y soutiennent avant tout les intérêts financiers des employeurs [...]

L'affaire de la Baie-James en un clin d'œil

« Le 21 mars 1974, le chantier de la Baie-James est le théâtre d'une explosion spectaculaire de violence. À la tête d'un groupe de travailleurs en colère, Yvon Duhamel, un représentant du local 791 de l'Union des opérateurs de machinerie lourde, qui vit depuis quelque temps une pression insoutenable, a littéralement "perdu les pédales". Comme il était aux commandes d'un bulldozer, il a détruit une roulotte-dortoir, des conduites d'eau et des citernes de combustible, lesquelles s'enflamment, de même qu'une génératrice qui produit l'électricité pour une partie du chantier.

Ces événements dramatiques surviennent après plusieurs mois d'agitation marqués par la guerre intersyndicale que se livrent la CSN et la FTQ pour placer leurs travailleurs respectifs sur le chantier titanesque de la Baie-James. Le Québec sort d'une période de chômage, des milliers de travailleurs

et de travailleuses convoitent un travail à la Baie-James. Le site du plus grand ouvrage hydroélectrique jamais construit est aussi un véritable camp de concentration. Il est géré de façon autoritaire. Les revendications syndicales concernant les conditions de vie sur le chantier sont ignorées. À tout moment, les travailleurs sont menacés d'expulsion. Leur frustration est généralisée. Duhamel subit une pression permanente. La veille du saccage, un délégué de chantier de la FTQ a été expulsé. Pris entre des salariés en colère et une direction de chantier sourde à toutes revendications, il "pète les plombs" et provoque ce qu'on appelle désormais "le saccage de la Baie-James". Privé d'électricité, le chantier est paralysé. Plusieurs centaines de travailleurs et de travailleuses sont évacués. Le chantier sera fermé pendant 55 jours. »

André Leclerc, *Fernand Daoust 2. Bâtisseur de la FTQ (1965-1993)*, M Éditeur, février 2016.

« L'auteur du méfait [...] donne un sens syndical à son geste : les conditions de travail sur les chantiers seraient inacceptables. Mais le gouvernement Bourassa sent qu'il y a anguille sous roche. Celui-ci met donc sur pied la Commission d'enquête sur l'exercice de la liberté syndicale, qui débute ses travaux en mai 1974. Assisté d'un représentant syndical (Guy Chevrette) et patronal (Brian Mulroney), le juge Robert Cliche, reconnu pour ses sympathies de gauche, voit défiler devant lui une série de militants syndicaux et de chefs de chantier. Grâce aux écoutes électroniques, alors permises en preuve, on découvre une infiltration du crime organisé et des liens troubles entre certains personnages louches et l'entourage du premier ministre Bourassa*. Le volumineux rapport de la commission Cliche est rendu public le 2 mai 1975. Plusieurs syndicats locaux sont mis en tutelle. »

Éric Bédard, *L'histoire du Québec pour les nuls*, Éditions First-Gründ, Paris, 2012, p. 283-284.

* Voir la partie intitulée *Le comportement et les responsabilités des agents publics* du rapport de la commission Cliche, p. 273-294.

Louis Laberge au congrès de la FTQ

Extrait, allocution de Louis Laberge au congrès de 1975

« Nous reconnaissons qu'il y a eu des abus et qu'un nettoyage, pour ne pas dire un décrottage, était nécessaire. Mais sous prétexte d'éliminer du secteur une poignée de représentants syndicaux aux pratiques inacceptables et condamnables, la commission a tout simplement proposé de briser la force syndicale des travailleurs de la construction. De plus, elle s'est attaquée aux corrompus, mais pas du tout aux corrupteurs. »

À la commission Cliche elle-même, Louis Laberge avait donné l'assurance que si elle faisait la preuve de la présence d'indésirables dans les syndicats, « nous ferons nous-mêmes le nettoyage. Nous laverons notre linge sale ».

Fournier, Louis, *Louis Laberge, le syndicalisme c'est ma vie*, Québec-Amérique, 1992, p. 253.

un réservoir extraordinaire de fournisseurs aux caisses électorales.

Pour les travailleurs non qualifiés, aucun permis de travail n'est nécessaire. Ainsi, on dénombre en 1973 quelque 144 000 salariés dans l'industrie. Ils rivalisent pour se partager un travail équivalent à 85 000 emplois à temps plein…

À l'époque, il y a plus de 20 000 employeurs de la construction au Québec. On compte quelque 6 000 nouveaux entrepreneurs chaque année et 4 000 quittent l'industrie, souvent à la suite d'une faillite. N'importe qui peut s'improviser entrepreneur dans cette industrie, disparaître et réapparaître sous un nouveau nom, souvent au détriment des travailleurs pour qui les contributions patronales aux avantages sociaux n'ont pas été versées et qui doivent se battre pour récupérer des salaires non versés. »

Si la conclusion du rapport de la commission Cliche sur les conditions de travail des chantiers éloignés se résume à demander un « règlement relatif aux conditions de vie minimales » dans les baraquements et les chantiers éloignés, elle « fesse » pas mal plus fort sur les syndicats. Plutôt que de viser spécifiquement les éléments jugés « indésirables », on s'en prend en effet à l'ensemble de la direction de la FTQ-Construction[11] et à celle de certains de ses syndicats : « La corruption et le banditisme se sont graduellement installés, depuis au moins cinq ans, au plus haut niveau de la FTQ-Construction et de certains de ses locaux, soit, essentiellement, ceux des plombiers, des électriciens et des opérateurs de machinerie lourde. » La commission recommande de mettre en tutelle ces syndicats, de même que l'Union internationale des mécaniciens d'ascenseurs, désaffiliée de la FTQ. La tutelle commence en mai 1975. La durée de la tutelle variera selon les syndicats. Comme on le verra, la tutelle de la FIPOE a été levée en 1978. La plus longue aura été celle du syndicat des plombiers (local 144), levée en février 1987.

Le ton pris publiquement par la commission n'a rien d'équivoque et laisse planer dans l'opinion publique que ce sont les syndicats en général qui sèment le trouble, bien que 19 autres syndicats affiliés à la FTQ et les autres centrales aient été blanchis. Comme l'écrit l'historien Jacques Rouillard dans son *Histoire du syndicalisme québécois*, « les révélations de la commission, largement relayées par les médias, vont jeter le discrédit sur l'ensemble du mouvement syndical et plus particulièrement sur la FTQ » (p. 316). Mais n'était-ce pas là l'un des buts recherchés ?

Les faits reprochés font mal au Conseil des métiers de la construction et à la FTQ. Cette dernière ne nie pas le climat de violence qui règne à la Baie-James, comme sur d'autres grands chantiers, d'ailleurs. Pour la FTQ, l'infiltration criminelle au sein des organisations syndicales est condamnable et elle doit être réprimée et éradiquée. Cependant, elle ne saurait servir de prétexte pour camoufler les problèmes liés à la corruption d'entrepreneurs véreux, ni les problèmes liés aux conditions d'emploi et de vie sur les grands chantiers et les chantiers éloignés.

11. La FTQ-Construction n'existe pas encore, mais les syndicats associés au Conseil provincial sont tellement identifiés à la FTQ qu'il est d'usage d'en parler comme la FTQ-Construction.

André Desjardins, plombier. Dr Jekyll et M. Hyde ?

(Extrait du livre *Louis Laberge, le syndicalisme c'est ma vie*, rédigé par Louis Fournier, paru chez Québec-Amérique en 1992.)

« Presque tous ceux qui ont œuvré avec Desjardins à la FTQ le qualifient de "maudit bon gars" et vantent ses qualités de leader et son énorme capacité de travail. Les syndicats du bâtiment voyaient en lui un chef combatif capable de mater les employeurs. C'est ce que reconnaissait même un de ses opposants les plus fermes, le vieux socialiste Henri Gagnon, qui fut président de la Fraternité des ouvriers en électricité : "Il était à sa façon dévoué aux intérêts des ouvriers qu'il représentait, surtout des plombiers. Partisan de la manière forte, il ne s'est pas gêné pour l'utiliser à la fois contre les patrons et contre ses rivaux dans le monde syndical." [...] »

André Leclerc, qui l'a côtoyé, le décrit entre autres comme ceci dans une lettre adressée aux médias en mai 2000 : « Peu de gens le croient ou l'admettent, mais André Desjardins a été un vrai syndicaliste... Plombier, comme son père et son grand-père, il trouvait que la vie sur les chantiers n'avait pas d'allure et il n'acceptait pas que ça continue comme ça. Son plan était simple : il fallait cesser de voir la construction comme une multitude de chantiers éphémères et la considérer enfin comme une industrie permanente. Il fallait que les politiques gouvernementales y favorisent une stabilité économique et une stabilité de la main-d'œuvre. Les travailleurs de la construction devaient, comme ceux des usines, avoir droit à une sécurité du revenu, à des bénéfices sociaux décents.

Pour atteindre ses objectifs, il avait commencé à bousculer les choses dans les syndicats, les "unions" internationales de la construction. Il avait commencé à appeler "FTQ-Construction" ce qui était alors le Conseil provincial des métiers de la construction. Il avait mis l'accent sur l'information des membres. Il avait fait concevoir un programme de formation des délégués. Il avait ouvert des bureaux dans toutes les régions du Québec et il insistait pour que les syndicats entretiennent une relation étroite avec leurs membres.

Mais – car il y a un "mais" – Louis Laberge explique : "Le malheur qui lui est arrivé, c'est qu'il était prisonnier de son passé, de ses 'chums', et qu'il avait le cœur gros comme ça. Il n'a pas su dire non aux amis qu'il s'était faits quand il était jeune et qu'il était allé en prison. Des gars de sa 'gang' qui étaient tous des moutons noirs comme on en trouve dans toutes les 'gangs'. Il n'a pas eu la fermeté, le courage de refuser de les aider à avoir des jobs dans la construction. Il en a placé comme permanents syndicaux et surtout comme délégués de chantiers. Ils ont fait la pluie et le beau temps, sans aucune éthique ni démocratie syndicale, sans respect des droits des syndiqués... Ces gens-là étaient en train de nous faire très mal. Dédé le savait, mais il n'a pas eu la volonté, la force d'âme de mettre le holà. Nous avons dû lui demander de partir." »

Le 24 novembre 1974, six mois avant la production du rapport de la commission Cliche, la FTQ, de concert avec la direction du Conseil des métiers de la construction, décide de mettre sous tutelle les 23 syndicats locaux affiliés au Conseil, qui regroupe alors 70 000 syndiqués. C'est la démonstration de l'infiltration d'éléments répréhensibles au sein de certains de ses grands syndicats qui a été à la source de cette décision. La tutelle, acceptée par un congrès spécial du Conseil, est assumée par le secrétaire général de la FTQ, Fernand Daoust. Le lendemain, le 25 novembre, André « Dédé » Desjardins démissionne de son poste de directeur général du Conseil et de celui de vice-président de la FTQ.

Même si elle n'a pas de pouvoir coercitif sur ses affiliés, la FTQ entend faire le ménage et redonner aux travailleurs de la construction un mouvement "fort et propre" :

> Le nettoyage et la réorganisation qui s'imposent dans les syndicats de la construction se feront jusqu'au bout. Nous invitons fortement la commission Cliche à fouiller avec autant d'ardeur du côté des politiciens et des entrepreneurs qui sont à l'origine de la corruption dans la construction. [...] Si elle ne le fait pas, elle aura failli à son mandat d'assainir l'industrie de la construction. (Conférence de presse, 1er décembre 1974. Cité par André Leclerc, *op. cit.*)

Les conclusions de la commission Cliche, par ailleurs, vont bien au-delà de son mandat. Les projets de loi auxquels elles donnent lieu permettent une ingérence flagrante dans les affaires des syndicats. Le projet de loi 29 institue la tutelle, le projet de loi 30 encadre la nomination des agents syndicaux et renverse le fardeau de la preuve et la présomption de culpabilité est désormais en vigueur lors du déclenchement d'une grève illégale. Le projet de loi 47 remplace la Commission de l'industrie de la construction du Québec par l'Office de la construction du Québec (OCQ), qui se voit investi de la surveillance du placement de la main-d'œuvre (abolition des bureaux syndicaux de placement) et du déroulement des votes d'adhésion syndicale, pouvant aller jusqu'à l'exigence d'un vote secret. C'est également l'OCQ qui est chargé de l'interprétation de la convention collective. De plus, le projet de loi 47 donne à une seule association patronale le droit de signer une convention collective et crée l'Association des entrepreneurs en construction du Québec (AECQ).

Pour la FTQ – la CSN le reconnaît elle-même –, il s'agit là d'une intrusion inacceptable de l'État dans les affaires syndicales qui met en cause le syndicalisme libre. « On prétendait s'attaquer au banditisme, écrit la FTQ dans son mémoire à la Commission, on enchaîne le mouvement syndical. On prétendait corriger des abus, on restreint la liberté… »

Après une grève d'une semaine sur les chantiers et le débrayage d'une journée de l'ensemble de ses syndicats, la FTQ convient d'un compromis avec le gouvernement : les quatre syndicats resteront sous tutelle, mais les bureaux syndicaux de placement continueront leurs activités, moyennant le respect d'un code d'éthique supervisé par l'Office de la construction du Québec.

C'est donc dans ce contexte, et sous tutelle, que la FIPOE vivra ses premières années en tant que nouvelle organisation syndicale indépendante.

Au début des années 1970, les ouvriers en électricité sont en grand nombre sur les chantiers de la Côte-Nord. Certains reconnaîtront ici le délégué Raynald Saint-Amant (à l'extrémité gauche) et le délégué Jacques Labonté (à l'extrémité droite).

CHAPITRE 9

De la mise en tutelle jusqu'à l'expulsion du Conseil provincial

Contrairement à ce qu'on aurait pu penser, la mise en tutelle de la FIPOE ne l'empêche pas de vaquer à ses activités et à ses responsabilités syndicales. Pour ne prendre qu'un exemple, le conseil de tutelle, présidé par Yves Ryan (alors maire de Montréal-Nord), autorise à l'unanimité la FIPOE à anticiper pour six mois ses paiements de cotisations au Conseil provincial du Québec des métiers de la construction (CPQMC) afin d'aider au financement de la campagne en vue du vote d'allégeance de 1975.

La tutelle ne l'empêche pas, non plus, de tenir son premier congrès, dont le premier numéro de son journal, *FIPOE*, fait l'annonce en avril 1975. Le congrès aura lieu les 17 et 18 mai.

Ce congrès permet à la FIPOE d'asseoir sur des bases solides ses objectifs d'agir à titre d'agent négociateur pour la vaste majorité des électriciens du Québec et d'être assise, en bonne et due forme, à la table de négociation. Son projet immédiat : négocier elle-même la convention collective avec ses vis-à-vis patronaux, comme c'était le cas avant le bill 290.

Reproduction de la page couverture du premier numéro du journal de la FIPOE. Archives FIPOE.

La négociation de 1976, une première pour la FIPOE

En novembre 1975, six mois seulement après les conclusions de la commission Cliche, et malgré tout le discrédit qui aura pu être répandu sur la FTQ, les syndicats affiliés au Conseil provincial remportent une forte majorité lors du maraudage, et c'est le Conseil qui représentera l'ensemble des travailleurs de la construction à la table de négociation. Sur les 149 000 travailleurs admissibles au vote, 90 000 participent au scrutin. Le Conseil provincial recueille 70,4 % des voix.

Pour la première fois, les travailleurs se prononcent par scrutin secret (sous contrôle gouvernemental) plutôt que par signature de carte. La commission Cliche avait répandu l'idée fortement soutenue par les médias que la FTQ dominait la construction par l'intimidation. Pourtant, le scrutin secret lui permet d'augmenter de 2 % sa représentativité.

Dans un premier temps, la FIPOE accepte d'élaborer le projet de convention conjointement avec le Conseil provincial du Québec des métiers de la construction (CPQMC), pour ensuite refuser de déléguer un représentant au comité de négociation mis sur pied par le Conseil en février 1976, sur la base du mandat qu'elle détient de son premier congrès : négocier directement avec la Corporation des maîtres électriciens.

Désireuse de se faire reconnaître comme la seule association représentative de l'ensemble des électriciens du Québec habilitée à négocier les conditions de travail de ses membres, la FIPOE adresse alors une demande à cet effet au ministère du Travail. En janvier 1976, le ministre libéral du Travail et de la Main-d'œuvre, Gérald Harvey, refuse cette demande, en disant qu'il ne peut y avoir que deux interlocuteurs

Pas question de laisser tomber notre droit à la négociation (Résolution adoptée par le 1er congrès de la FIPOE, mai 1975)

CONSIDÉRANT QUE	négocier sa propre convention collective est un droit fondamental pour un syndicat ;
CONSIDÉRANT QUE	la FIPOE a été brimée dans ses droits de négocier sa convention collective depuis la venue de la loi 290 ;
CONSIDÉRANT QUE	lors des trois derniers décrets dans la construction, la FIPOE s'est opposée vigoureusement à toute ingérence dans son droit à la négociation ;
QU'IL SOIT RÉSOLU	que les membres de la FIPOE s'opposent unanimement à laisser d'autres groupes ou individus nous priver de nos droits de négocier nos affaires ;
QU'IL SOIT RÉSOLU	de signifier au gouvernement du Québec et son ministre du Travail notre farouche opposition au carcan actuel qu'est la loi 290 et ses rejetons (bill 68, etc.) dans le domaine de la négociation collective.

assis à la table, soit l'Association des entrepreneurs en construction du Québec du côté patronal et le Conseil provincial FTQ du côté syndical.

Selon les dispositions de la loi, en effet, c'est la nouvelle Association des entrepreneurs en construction du Québec (AECQ), mise sur pied en février 1976 (projet de loi 47), qui négocie au nom de l'ensemble des entrepreneurs de l'industrie et qui est la seule habilitée à signer une convention collective. La FIPOE ne peut négocier directement avec la Corporation des maîtres électriciens et si elle veut s'adresser à la partie patronale, elle doit le faire avec l'AECQ.

La FIPOE et le Conseil provincial signent donc une entente en vertu de laquelle le Conseil lui cède son pouvoir de négocier les dispositions relatives aux électriciens. L'Association des entrepreneurs s'oppose résolument à cette entente. La nouvelle association patronale a besoin de « manger ses croûtes », comme on dit, avant d'affronter la FIPOE, jugée très puissante.

Pour résoudre le problème, le Conseil obtient l'intervention d'un conciliateur. L'ingénieur Pierre Dufresne est désigné à ce titre, et après avoir entendu les arguments de la FIPOE, il se range de son côté et s'engage à faire part au ministre du Travail des modalités qui pourraient favoriser la conclusion d'une convention collective.

Une semaine plus tard, les 27 et 28 avril, le ministre du Travail convoque l'ensemble des associations représentatives en commission parlementaire. Réal L'Heureux, « le patron des patrons » comme on l'appelle, dénonce le processus et s'en prend vigoureusement à la FIPOE. L'affaire est loin d'être réglée.

Un écart salarial grandissant

De 1970 à 1975, les salaires des électriciens ont augmenté de :

11,8 %	à	Montréal
22,7 %	à	Hamilton
23,6 %	à	Toronto
24,1 %	à	Sarnia

Montréal, clairement, est devenu le parent pauvre.

Le 1er mai, le ministre Harvey prolonge le décret de la construction pour une durée de 90 jours. La FIPOE va alors chercher l'appui d'une cinquantaine d'entrepreneurs-électriciens, mais cela ne suffit pas à résoudre le litige.

C'est alors qu'elle décide de passer à l'action et d'appeler à la tenue d'assemblées dans toutes les régions du Québec afin d'obtenir le mandat de déclencher des moyens de pression pouvant aller jusqu'à la grève. En tout et partout, ce sont 85,2 % des voix qui s'élèvent en faveur de la grève. L'une des premières revendications des électriciens est le redressement des salaires. Preuve statistique à l'appui, la FIPOE démontre que depuis l'adoption du projet de loi 290 modifiant les relations de travail, l'écart n'a cessé de se creuser et elle en rend responsable les dispositions législatives qui empêchent toute négociation directe pour les électriciens.

Septembre 1976, en grève !

« Nous sommes présentement en grève et cette grève est sous la responsabilité de la partie patronale. Les offres patronales en général constituent un recul d'environ 15 à 20 ans. À titre d'exemple, on nous propose de ramener la semaine normale de 45 à 50 heures sur certains chantiers…

[…] la partie patronale désire domestiquer les électriciens et les manipuler comme des pantins.

Elle propose que le délégué de chantier n'ait aucun pouvoir en matière de sécurité physique sur les chantiers. Sans ce pouvoir, nous assisterons, impuissants, à tous les accidents de travail que subissent les travailleurs de la construction. Nous ne sommes pas sans savoir que l'industrie de la construction est l'industrie la plus dangereuse au Québec.

Du côté des salaires, l'offre patronale maintient des disparités salariales en proposant quatre taux de salaire pour les électriciens et en ramenant le concept du compagnon junior. Vous vous souviendrez sûrement de la lutte que nous avons menée pour abolir les différents taux de salaire à travers la province. Notre position n'a pas changé et nous continuons à exiger un salaire égal pour un travail égal.

La lutte sera dure et longue. L'employeur va tenter d'embaucher des "scabs" en leur promettant mer et monde. Mais soyez assurés que ces promesses vont durer le temps d'un chantier.

Nous nous devons de ne pas céder et serons solidaires les uns des autres. C'est le seul moyen de gagner cette lutte. »

Jean Lavallée, directeur général intérimaire, édition de septembre 1976 du journal *FIPOE*.

Comme le constate le journal de la FIPOE (mai 1976), l'importance des électriciens sur les chantiers est telle qu'ils ne peuvent continuer de faire les frais d'une telle discrimination salariale par rapport à leurs collègues ailleurs au pays.

> Inutile de s'étendre longtemps sur la place et le rôle qu'occupent les électriciens et apprentis sur un chantier de construction. Ils sont présents du début à la fin des travaux, et ce, en nombre parfois très élevé selon la nature, le genre et la quantité des travaux à être exécutés.
>
> La vie sur les chantiers serait simplement impossible sans les efforts et le travail fournis par les milliers de membres de la Fraternité.
>
> Chaque jour, les électriciens doivent travailler en collaboration avec les autres ouvriers du bâtiment. Ils doivent maintenir en bon état de fonctionnement toutes les pièces d'équipement utilisées par les différents métiers.

La grève dure près de trois mois et c'est par le recours à un médiateur que le conflit est réglé. Mais la FIPOE a mis le doigt sur le bobo : sans discussion, face à face, avec les entrepreneurs en électricité, il n'est pas possible d'en arriver à une entente négociée.

En octobre 1976, celui qui avait présidé le Conseil des tutelles, Yves Ryan, fait parvenir au ministre du Travail et de la Main-d'œuvre, Gérald Harvey, une recommandation afin d'amender le bill 290, qui « n'a pas retourné les résultats anticipés », et afin de « permettre une autre forme de négociation, possiblement un retour à la négociation par métier… »

C'est ainsi que s'est terminée cette ronde de négociations, menée pour la première fois par la nouvelle FIPOE.

Le 15 novembre 1976, les syndicats de la construction crient « victoire ! ». Ils ont réussi à se débarrasser du gouvernement libéral et le Parti québécois, élu, dit avoir « un préjugé favorable envers les travailleurs ». La lumière va-t-elle enfin éclairer le tunnel des relations de travail dans l'industrie de la construction ?

La FIPOE se dépêche de réitérer ses demandes sur l'élargissement et l'extension des droits du travail dans le champ des relations de travail de l'industrie de la construction, mais aussi dans la société civile, où les gains seront importants : adoption de la Charte de la langue française (projet de loi 101), réforme du Code du travail, amélioration de plusieurs lois ouvrières, réforme du régime de santé et de sécurité du travail, adoption de la Loi des normes du travail, interdiction du recours aux briseurs de grève, imposition de la formule Rand, arbitrage des premières conventions collectives.

Baie-James, 1979. Une chambre partagée dans un campement. Photothèque FTQ.

Santé et sécurité du travail

Il faut mentionner, tout particulièrement, la création de la Commission de la santé et de la sécurité du travail et l'adoption, en 1979, du projet de loi 17, qui viendra améliorer substantiellement la situation sur ce terrain.

Plusieurs études avaient précédé l'adoption du projet de loi, notamment celle entreprise par le Comité conjoint des conditions de vie de l'industrie de la construction, au sein duquel la FIPOE joue un rôle très important.

Pierre Lecompte, de la FIPOE, préside la partie syndicale, aux côtés des représentants Maurice Pouliot (Conseil provincial), Jean-Paul Rivard (monteurs de lignes, FIPOE), Enzo Massa (journaliers, local 62), Jean-Louis Chénier (peintres et autres métiers, local 349) et Me Hugues Leduc (conseiller, opérateurs et ingénieurs, local 791).

Du côté patronal, on compte Jean-Claude Murray (J.A. Levasseur Construction), Luc Letellier (conseiller, AECQ) et Claude Chagnon (Desourdy Construction).

Visant à améliorer les conditions de vie dans les baraquements installés sur les chantiers éloignés, le rapport du comité couvre un champ très détaillé d'application, allant de l'aménagement des lieux et services jusqu'aux installations de loisirs et d'équipements récréatifs, en passant par la qualité de l'alimentation, de la sécurité et de l'hygiène. Il faut souligner le militantisme de la FIPOE à cet égard, alors même que la présence de ses membres sur les chantiers éloignés est clairement inférieure à celle de plusieurs autres corps de métiers.

Les relations de travail

Tout autant que la question de la santé et de la sécurité du travail, la réforme du régime des relations de travail dans l'industrie de la construction fait l'objet d'une intervention soutenue de la part de la FIPOE.

Dans le numéro de son journal qui suit l'élection du Parti québécois, sous la plume de Paul-Aimé Boutet, la FIPOE lance au nouveau gouvernement un message clair : après avoir vécu le régime de négociation imposé par l'Union nationale et son ministre Maurice Bellemare, et maintenu par la suite par Robert Bourassa et Jean Cournoyer, il est temps pour les syndicats d'en finir avec une

Loi sur la santé et la sécurité du travail

On peut dire facilement que l'amélioration de la santé et de la sécurité du travail est une préoccupation quotidienne des syndicats. Dans l'industrie de la construction, plus particulièrement, il n'y a pas une semaine qui passe sans compter un incident plus ou moins grave sur un chantier.

La FIPOE a toujours mené un combat d'avant-garde sur ce terrain.

Dès sa création, elle en fait un fer de lance et revendique un resserrement des règlements touchant la santé et la sécurité et de meilleures indemnisations pour les victimes d'accidents ou de lésions professionnelles. Lors de son arrivée au pouvoir, le gouvernement du Parti québécois entreprend d'élaborer une Politique québécoise de la santé et de la sécurité des travailleurs. Le projet de loi 17 adopté en décembre 1979 en découle. La Politique octroie aux travailleurs le droit de refuser d'exécuter du travail dangereux, elle introduit les notions de prévention et d'élimination des dangers à la source, elle introduit le droit au retrait préventif.

La gestion du nouveau régime est confiée de façon paritaire aux employeurs et aux employés.

Partout, des comités de santé et de sécurité du travail sont mis sur pied dans les milieux de travail et des associations sectorielles sont chargées d'informer et de former les différentes parties, en plus de leur fournir l'aide nécessaire dans l'application de la loi.

Un bémol : comme il est prévu que l'application de la loi se fera graduellement parmi les groupes prioritaires définis, certains seront pour ainsi dire « oubliés » malgré les coups de clairon du mouvement syndical.

Encore aujourd'hui, en 2018, la totalité des articles de la loi ne s'applique malheureusement qu'à certains groupes. Plus de 80 % des travailleuses et travailleurs québécois sont exclus de l'application d'une partie importante de la loi. Il s'agit purement et simplement d'une discrimination basée sur le secteur d'activité économique dans lequel ils travaillent.

50 ans d'expérience ratés

Si la FIPOE se réjouit de l'adoption de la Loi sur la santé et la sécurité du travail (projet de loi 17), elle ne peut manquer de souligner qu'une telle loi a failli voir le jour 50 ans plus tôt, en 1932. Voici ce qu'en dit le numéro de *FIPOE* de décembre 1982.

« Une commission a été formée en 1932. On l'appelait la commission Parent. Cet organisme, composé de différents intervenants, en était arrivé, à peu de choses près, à la même pensée que dégage la loi 17 aujourd'hui. Mais ce ne fut qu'un exercice qui est demeuré sur les tablettes, car, encore une fois, ce n'était pas le temps. On était en période de crise économique comme aujourd'hui. Par la suite, il y a eu la guerre, un exercice de haute civilisation… Après la guerre, nous avons eu une période prospère.

Mais ce n'était pas encore le temps. Il fallait rattraper le temps perdu et ils ont industrialisé les pays à outrance en se foutant éperdument de toutes les conséquences en matière de santé et de sécurité du travail.

Aujourd'hui, notre loi en est à ses premières étapes, plutôt que de posséder 50 ans d'expérience qui nous auraient permis de vivre une situation comparable à celle de la Suède en matière de santé et de sécurité.

À notre avis, le temps pour s'occuper de notre santé et de notre sécurité a toujours été là. Il est présent aujourd'hui, il le sera demain et nous n'avons qu'à prendre notre propre situation en main afin de régler ce problème une fois pour toutes […] »

Depuis l'adoption de la loi 17, plusieurs modifications législatives ont été apportées à la loi. Pourtant, certains articles ne sont toujours pas promulgués dans l'industrie de la construction : la création de comités de santé et de sécurité, la nomination de représentants à la prévention et la mise en place de programmes de prévention.

Des centaines de travailleurs sont morts… en essayant de gagner leur vie.

Des monteurs de lignes qui n'ont rien à craindre? Poser la question, c'est y répondre. Archives d'Hydro-Québec, Fonds Shawinigan Water and Power Company (F01).

centralisation à outrance des négociations et de rapatrier dans les secteurs industriels la négociation des conditions de travail propres à chacun des métiers, prérogative disparue depuis l'adoption du bill 290. « Il appartient maintenant au PQ de réviser une législation ouvrière qui porte à la centralisation de la négociation. »

Des rencontres avec les dirigeants gouvernementaux sont l'occasion pour la FIPOE d'exposer ses priorités, en vue, la plupart du temps, des rondes de négociations à venir. Les dossiers des primes, de l'apprentissage et de la formation professionnelle, de la santé et de la sécurité du travail, du travail au noir, de la sécurité du revenu… reviendront chaque fois dans les discussions. Jamais la FIPOE ne se lassera d'exprimer ses demandes, à chaque occasion qui se présente à elle et malgré tous les revers essuyés.

Invité au deuxième congrès de 1977, le nouveau ministre péquiste du Travail, Pierre Marc Johnson, promet aux délégués que le bill 290 sera modifié et que la tutelle sera bientôt levée. Quelques mois plus tard, un groupe d'électriciens de Valleyfield, accompagnés par Pierre Plessis-Bélair, tient une conférence de presse pour dénoncer le chômage qui frappe plus de 50 % des électriciens de la région, une situation provoquée par les lois et règlements qui régissent l'industrie de la construction, et que semble accepter le nouveau gouvernement du Parti québécois :

> […] le gouvernement actuel, qui se devrait d'être au service des travailleurs, a oublié assez vite qu'il a été élu par ces travailleurs. Ce même gouvernement, par l'entremise de son ministre du Travail, M. Pierre Marc Johnson, a endossé et sanctionné le règlement de placement soumis par l'OCQ touchant la priorité d'emploi régional dans l'industrie de la construction. Ce même régime se veut des plus discriminatoires et incohérents envers les électriciens de cette région, car plusieurs d'entre eux seront forcés de quitter leur métier dû au fait qu'à l'intérieur de ce nouveau régime de placement, on donne libre choix à l'entrepreneur venant de l'extérieur d'amener ses salariés […] (Journal *FIPOE*, juin 1978)

La FIPOE réussira alors à maintenir les bureaux syndicaux de placement. Le vote d'allégeance de 1978 lui permettra de voir son taux de représentativité

Grève générale contre le contrôle des salaires, Ottawa, 14 octobre 1976. Photothèque FTQ, Jean-Claude Champagne.

Le monde de l'électricité au Québec...

Outre le complexe de la Baie-James, le plus grand complexe hydroélectrique au monde, c'est l'obtention du droit d'exportation de l'électricité qui marque les années 1970. Hydro-Québec International est créée, avec le mandat d'assurer la présence du Québec à l'étranger.

La première grande ligne d'interconnexion relie les réseaux d'Hydro-Québec à l'État de New York, à partir de la centrale de Beauharnois.

C'est aussi dans ces années que s'achève la construction de la première et seule centrale nucléaire du Québec, celle de Gentilly.

parmi les ouvriers en électricité passer de 92,6 % à 93,6 %.

Les revendications exprimées par la FIPOE au gouvernement du Québec trouvent également leur écho auprès du Parlement canadien. La FIPOE est en effet de toutes les luttes qui opposent les travailleurs et les travailleuses au gouvernement central d'Ottawa.

Par exemple, en octobre 1976, à l'occasion de la grève générale d'une journée à l'échelle du Canada, qui voit plus d'un million de syndiqués sortir dans la rue (dont environ 225 000 du Québec) pour exiger le retrait de la loi de contrôle des prix et des salaires adoptée par le Parti libéral de Pierre Elliott Trudeau par 111 voix contre 96. Peu de temps après, en 1978, la FIPOE met toutes ses énergies à combattre la réforme de la loi de l'assurance-emploi (bill C-14), qui entend diminuer le montant des prestations, accroître la période d'emploi cotisable et priver de droits plusieurs travailleurs à temps partiel ou temporaires. Les réformes ultérieures apportées par les différents gouvernements qui se sont succédé à Ottawa continueront d'ailleurs de trouver la FIPOE sur leur chemin, comme c'est encore le cas aujourd'hui.

D'abord militant de la section locale 568, Roland Fiset fait partie des fondateurs de la FIPOE au sein de laquelle Il occupe différents postes dont celui de premier directeur général et secrétaire financier.

1978 : levée de la tutelle gouvernementale

Juste avant la levée de la tutelle, le congrès de l'automne 1977 donne lieu à une nouvelle équipe de direction. Jean Lavallée est élu directeur général et secrétaire financier, en remplacement de Roland Fiset, qui quitte pour des raisons de santé[12]. Le président Jean-Pierre Granger quitte lui aussi pour des raisons personnelles et c'est Bernard Gagnon qui est élu. Au congrès suivant, Jean Lavallée sera réélu. Comme il est alors vice-président au sein du bureau de direction de la FTQ, on lui donne du souffle en désignant Claude Proteau comme adjoint au directeur. Claude Proteau cède son poste de directeur provincial à Jacques Labonté, alors que Léonard Whittom est désigné responsable des délégués de chantiers.

C'est dans ce contexte du renouvellement de la direction de la FIPOE qu'en septembre 1978, trois ans plus tôt que prévu, la tutelle imposée à la FIPOE à la suite de la commission Cliche est levée.

12. Roland Fiset est décédé en janvier 1978, à l'âge de 51 ans, à la suite de ses problèmes de santé. Jean Lavallée lui rend hommage dans le numéro de février du journal *FIPOE*.

Première réunion du nouveau comité exécutif provincial de la FIPOE : De gauche à droite : Maurice Duguay, André Farly, Pierre Castonguay, Jean-Guy Paquet, Lucien Brouillette, Robert Grégoire, Gilles Lespérance, Jacques Mongrain, René Corbeil, Bernard Gagnon, Jean-Pierre Granger, Jean Lavallée, Roland Fiset, Jocelyne Paradis Laplante, Léopold Venne, Laurent Desaulnier, Bruno Audet, Jean-Marc Martel, Jean-Rock Bouchard et Richard Labelle. Sont absents de la photo : Denis Lacourse et Lionel Boulay. Source : journal *FIPOE*, octobre 1977.

Au sortir de la tutelle, la FIPOE est d'ores et déjà assurée d'un avenir rayonnant. Avec ses comités exécutifs régionaux, son exécutif provincial, son conseil d'administration et son congrès tous les trois ans, la FIPOE a développé une structure de participation unique au sein du mouvement syndical. Les électriciens y sont défendus par des électriciens. La FIPOE compte alors plus de 250 délégués, 22 permanents et 10 bureaux régionaux. Elle représente 95 % de tous les électriciens au Québec.

Lors de la ronde de négociations de 1979, la FIPOE réussit à arracher plusieurs gains, dont des augmentations salariales substantielles, des primes pour les chantiers éloignés, une réduction partielle de la semaine de travail... et, au cœur des avantages sociaux, un régime de retraite propre aux électriciens !

La négociation se déroule alors que la FIPOE est particulièrement visée, dans un schisme qui conduira directement à la création, en bonne et due forme, de la FTQ-Construction. Nous nous arrêterons un peu plus loin, durant quelques pages, sur ce moment historique, alors que le Conseil provincial exclut la FIPOE et que la FTQ... exclut le Conseil provincial...

Arrêtons-nous pour le moment sur la question nationale.

Lettre à la FIPOE

« Nous avons appris avec plaisir la levée de la tutelle sur votre association professionnelle, la FIPOE.

En effet, sur la recommandation du ministre du Travail et de la Main-d'œuvre, Monsieur Pierre Marc Johnson, le Conseil des Ministres du gouvernement du Québec, à sa réunion du 6 septembre dernier, en est arrivé à cette conclusion ; cette décision aura pris effet le 13 septembre 1978.

Nous voulons profiter de cette occasion pour remercier de leur franche collaboration ceux avec qui nous avons eu à traiter durant cette tutelle.

Certes, tout n'est pas parfait, mais nous croyons que si vous tous jouez votre rôle dans votre syndicat, vous serez vous-mêmes en mesure d'éviter les problèmes auxquels vous avez eu à faire face dans le passé.

À tous, bonne chance et soyez assurés de notre bon souvenir,

Cordialement,

Gérard Beaudry, Yves Gauthier,

Tuteurs. »

La FIPOE et la question nationale

La méfiance de plus en plus grande des syndicats québécois vis-à-vis des unions internationales et l'acquisition, pour une grande partie, d'une véritable autonomie incarnée dans la FTQ-Construction trouvent leur pendant dans la sphère politique, notamment par une prise de position claire et nette sur la question nationale. Fière d'avoir acquis sa propre indépendance et la capacité de s'autodéterminer, la FIPOE s'engage résolument dans les campagnes pour un OUI massif aux référendums sur la souveraineté du Québec, en 1980 d'abord, puis en 1995. Mais la FIPOE participe aussi, au début des années 1990, aux débats sur le renouvellement de la Constitution canadienne.

L'avenir du Québec, pour la FIPOE, doit correspondre au projet de société endossé par les délégués du 16e congrès de la FTQ intitulé *Le Québec des travailleurs*. Le numéro du printemps 1980 du journal de la FIPOE formule brièvement les principaux points du projet en question.

Bien qu'absente de ces points récapitulatifs, la question du français a été au centre de la position prise par la FTQ.

> Pour le travailleur québécois francophone, dira Louis Laberge dans son discours au congrès, ne pas être capable de travailler dans sa langue ou être réduit à des postes subalternes à cause de son unilinguisme, c'est être étranger dans son propre pays.

FTQ : une réponse syndicale à la question nationale. Pour le OUI au référendum

Plus de 90 % des 2 187 délégués présents au congrès extraordinaire de la FTQ du 19 avril 1980 à Québec se sont prononcés en faveur de la recommandation soumise par le Conseil général qui proposait que la FTQ soutienne le OUI à la question référendaire. La FIPOE y est représentée par une centaine de délégués pour y défendre le OUI.

Malheureusement, le 20 mai 1980, le NON l'emporte par 59,56 % des voix.

Le Québec des travailleurs

- Organisation politique démocratique de la société favorisant l'expression des libertés individuelles et collectives et favorisant la participation des citoyens et des groupes à l'organisation de leur cadre de vie.
- Développement économique axé sur la satisfaction des besoins de la population et le progrès matériel de la majorité plutôt que soumis aux règles du profit maximum, c'est-à-dire la recherche et la réalisation du plein-emploi.
- Contrôle accru de la collectivité québécoise sur ses moyens de production, particulièrement sur ses richesses naturelles, sur la transformation de ces richesses, sur les industries clés et sur la gestion de l'économie.
- Accès égalitaire à tous les biens sociaux comme l'éducation, la santé, le logement, le travail et le revenu.
- Protection de la qualité de vie sur tous les plans (dans le milieu de travail, sur le plan de l'environnement, etc.).
- Possibilité pour l'ensemble des travailleurs d'avoir accès à un syndicalisme libre et responsable et reconnaissance de la participation du syndicalisme à toutes les grandes orientations, c'est-à-dire politique d'emploi, définition et administration des avantages sociaux, programmes de santé et de sécurité, etc.
- Égalité absolue entre les hommes et les femmes, notamment par une véritable reconnaissance du droit au travail pour les femmes et du rôle social de la maternité.

Travailler en français

La FIPOE met en pratique ce qu'elle prêche, le français comme langue de travail. En plus de la diffusion d'information sur la question, elle participe aux comités de francisation et se plaît à dire… « qu'à la FIPOE, le courant passe mieux en français » !

Elle s'attaque régulièrement aux anglicismes employés couramment dans les conversations, tels le mot *switch* pour « interrupteur » et « commutateur », le mot *ampérage* pour « courant », les mots *coil* et *spool* pour parler de la bobine, etc.

Cette phrase a certainement dû sonner des cloches aux oreilles des délégués électriciens les plus vieux, ceux qui avaient eu maille à partir avec les représentants et dirigeants du syndicat international concernant leurs difficultés de militer et de communiquer en français.

Après l'échec de l'accord du lac Meech en 1987 sur la ratification de modifications à la Constitution canadienne, le débat sur la question nationale reprend du poil de la bête. Au Québec, la commission Bélanger-Campeau est mise sur pied pour discuter de l'avenir du Québec et, du côté fédéral, on s'active à l'élaboration d'une nouvelle entente constitutionnelle, qui voit le jour en 1992 sous le nom d'accord constitutionnel de Charlottetown. Soumis à un référendum pancanadien, l'accord sera rejeté par 54,3 % des voix le 26 octobre 1992.

C'est dans le cadre de ces débats qu'en novembre 1990, la FIPOE réaffirme sa position en faveur de la souveraineté du Québec. Voici le texte de la résolution soumise à l'échelle du Québec et adoptée en novembre 1990.

Bien évidemment, lors du référendum de 1995, la FIPOE réaffirme sa position pour le OUI. La résolution alors adoptée reprend mot pour mot le libellé de la résolution de 1990. Le 30 octobre 1995, le OUI est battu par 50,58 % des voix…

Appel à une contribution pour le OUI, lors de la campagne référendaire de 1995. Journal *FIPOE*, octobre 1995.

Pour la souveraineté du Québec

CONSIDÉRANT	le fait qu'un grand nombre de membres de la FIPOE appuie maintenant l'option de la souveraineté du Québec ;
CONSIDÉRANT	le fait que le Québec est à un tournant de son histoire, que les travailleurs et les travailleuses du Québec forment un groupe important et indissociable de la société québécoise, et que nous avons un rôle à jouer dans le débat qui se poursuit présentement sur l'avenir du Québec ;
CONSIDÉRANT	le fait que nous sommes un peuple distinct, ayant le droit de contrôler nos propres affaires et d'obtenir tous les outils nécessaires pour construire un Québec à notre image ;
CONSIDÉRANT	le fait que l'avenir du Québec doit se décider au Québec, et par les Québécois et les Québécoises ;
QU'IL SOIT RÉSOLU	que l'exécutif et la direction générale de la FIPOE soient mandatés par l'assemblée générale des membres afin de promouvoir la souveraineté du Québec dans toutes les affiliations auxquelles adhère la FIPOE et de faire les représentations nécessaires à tous les niveaux de la société québécoise.

CHAPITRE 10

Fondation de la FTQ-Construction : l'autonomie consacrée

Le Conseil provincial du Québec des métiers de la construction, en 1979, est essentiellement formé de syndicats locaux liés au syndicalisme international, c'est-à-dire au Building Trades Department (BTD) de l'AFL-CIO. Très souvent, ces syndicats locaux sont également affiliés à la FTQ. Seules la FIPOE et la Fraternité provinciale des ouvriers en électricité (FPOE – monteurs de lignes) font exception à la règle, ayant complètement rompu les liens avec Washington.

Prétextant cette absence d'affiliation internationale et la dérogation qui s'en suit aux statuts et règlements du BTD, le Conseil provincial, appuyé par l'IBEW, décide de les expulser lors de son congrès de 1979. Cela n'est pas sans rappeler la méthode « dure » utilisée en 1902, alors qu'une résolution de congrès est adoptée à l'effet d'exclure tout syndicat national dans les secteurs où un syndicat international existe déjà, afin d'assurer la suprématie des syndicats américains.

La FTQ et son président, Louis Laberge, réagissent vivement, qualifiant la décision de « grave accroc à la démocratie syndicale » qui montre combien le BTD et l'IBEW méprisent le syndicalisme pratiqué au Québec, à savoir un syndicalisme où ce sont les ouvriers en électricité qui se gouvernent eux-mêmes, dans les règles strictes de la démocratie, en refusant de mettre leur sort entre les mains de bureaucrates bien assis à leurs bureaux de Washington.

La FTQ exclut donc de ses rangs le Conseil provincial relié aux Building Trades et lance un appel pour mettre sur pied une nouvelle organisation exclusivement québécoise, la FTQ-Construction. Dix syndicats s'affilient et la FTQ réussit de la sorte

Louis Laberge au congrès de la FTQ :

« Je dois dire que je ne me sens aucunement lié par les suites d'une décision qui n'a pas été prise par des travailleurs québécois et qui est au surplus sans appel, ce qui constitue un grave accroc à la démocratie syndicale. »

Les 1 000 délégués au congrès de la FTQ l'applaudissent, et comme signe de reconnaissance des syndicats de la construction affiliés à la FTQ, réservent un poste de vice-président au secteur de la construction au sein du Bureau de direction de la FTQ.

Jean Lavallée écrit...

« ... le coup vient d'individus qui se prétendent dirigeants syndicaux. Je parle, bien sûr, des manigances de Guy Dumoulin, de Maurice Pouliot et de certains dirigeants du local des travailleurs du métal en feuille (*sheet metal workers*) qui ont mené à l'expulsion de deux locaux de monteurs de lignes et de la FIPOE des rangs du Conseil provincial du Québec des métiers de la construction. »

« Je parle de manigances, car tout cela s'est préparé en coulisses, sans aucune consultation avec les travailleurs concernés, et le tout s'est joué en dehors du Québec, lors d'un congrès tenu à San Diego. »

« Bâtir pour l'avenir, c'est bâtir une vraie FTQ-Construction. Les électriciens du Québec sont prêts à faire leur large part pour que ce projet se réalise. »

[Extrait du numéro de mars 1980 du journal *FIPOE*.]

à conserver 50 000 de ses 70 000 membres de la construction. Pour bien marquer leur appartenance à la FTQ, les unités de la FIPOE de Sherbrooke, de Trois-Rivières, de Rimouski et de Québec s'affilient aussitôt aux différents conseils régionaux de la FTQ, suivies un peu plus tard par l'unité de Sorel. Ce n'est qu'en 1981 qu'un vote officiel d'allégeance sera organisé pour départager les sections locales de la FTQ-Construction et celles du Conseil provincial.

Pour que la FTQ-Construction soit reconnue comme association représentative, il faut qu'une loi spéciale soit adoptée par Québec. La FTQ a tout fait pour convaincre le gouvernement d'adopter une telle loi.

Le premier ministre René Lévesque a par la suite demandé à Pierre Marc Johnson de préparer un projet de loi reconnaissant la FTQ-Construction comme organisation représentative, mais c'est Pierre Marois qui, tout juste après avoir été nommé ministre du Travail lors d'un renouvellement ministériel, le fera adopter, le 4 décembre 1980.

En avril 1980, Jean Lavallée devient le premier président de la FTQ-Construction, lors du congrès de fondation.

Pierre Lecompte raconte...

« Maurice Pouliot, directeur du Conseil provincial et son président, Guy Dumoulin, étaient allés au congrès des Building Trades. Ils sont revenus avec une résolution du congrès disant que dorénavant ils ne toléreraient plus en leur sein des syndicats non affiliés à l'International.

Ils nous ont alors jetés en dehors du Conseil provincial.

Et la réaction de Louis Laberge, ç'a été de dire, **c'est la FTQ qui vous jette dehors**. C'est là qu'on a décidé de mettre sur pied et de faire reconnaître la FTQ-Construction comme association représentative.

Le geste des Building Trades est l'un des pires que j'ai vécus. Plutôt que de favoriser l'unité et la solidarité, il divisait tout simplement les forces syndicales. »

Jean Lavallée raconte

(Extrait du livre *Louis Laberge, le syndicalisme c'est ma vie*, de Louis Fournier, p. 292-293.)

« Si Louis n'avait pas embarqué, il n'y aurait pas eu de FTQ-Construction et de syndicats québécois indépendants dans le bâtiment. Nous avons passé des mois ensemble à construire la nouvelle organisation, avec des collègues et amis comme Jean-Paul Rivard des monteurs de lignes, Yves Paré des opérateurs de machinerie lourde, Louis-Marie Cloutier des charpentiers-menuisiers... »

Robert Dean, du Syndicat des travailleurs canadiens de l'automobile, et Jean Gérin-Lajoie, du syndicat des Métallos, ont également donné un sérieux coup de main.

« On a eu une rencontre au sommet, poursuit Jean Lavallée. Du côté du gouvernement, il y avait le premier ministre René Lévesque, Pierre Marois, ministre de la Main-d'œuvre et de la Sécurité du revenu, et Pierre Marc Johnson, ministre du Travail*. De notre côté, Louis Laberge était accompagné de Jean-Paul Rivard, représentant des monteurs de lignes, et de moi-même.

À un moment donné, Pierre Marc Johnson manifeste son hésitation à faire adopter une telle loi. Louis Laberge lui a alors dit : « Votre père était un grand homme, vous, vous êtes tout petit... Je suis persuadé que votre père aurait fait mieux que ça. »

* Pierre Marc Johnson était le fils de Daniel Johnson, ex-premier ministre de l'Union nationale de 1966 à 1968.

On reste à la FTQ !

ATTENDU QUE	la FIPOE a toujours revendiqué plus d'autonomie pour les travailleurs québécois ;
ATTENDU QUE	la FIPOE a reçu plusieurs résolutions de ses unités afin de se désaffilier du Conseil provincial du Québec des métiers de la construction ;
ATTENDU QUE	la FIPOE a toujours reçu un appui solidaire de la FTQ ;
QU'IL SOIT RÉSOLU	que la FIPOE maintienne son affiliation à la FTQ-Construction.

Il va de soi que la FIPOE va maintenir sa parenté avec la FTQ en adhérant à la nouvelle organisation. Mais règle démocratique exige, il faut se prononcer. Voici le texte de la résolution présentée par André Farly, appuyée par Gaétan Grenier et adoptée à l'unanimité.

Les électriciens du Québec votent à 95 %, par scrutin secret, pour leur affiliation à la FTQ-Construction.

Ce geste est tellement important et significatif que Louis Laberge, président de la FTQ, tiendra à le souligner dans le journal de la FIPOE, qualifiant cette dernière de pionnière de l'unité et de la démocratie.

> 1981, c'est l'année de l'unité de tous les travailleurs de la construction, écrit-il. C'est aussi une date capitale pour la consolidation de la démocratie syndicale dans ce secteur. Je veux ici rendre hommage à votre syndicat qui est l'un des pionniers de cette unification des forces et de cette démocratisation.
>
> Si aujourd'hui nous pouvons inviter fièrement les membres des autres syndicats à former un bloc solide avec la FTQ-Construction, c'est que des gestes courageux ont été posés il y a neuf ans par votre syndicat.
>
> J'ai été intimement associé aux discussions que vous avez eues avec votre ancienne union internationale et avec le CTC, ainsi qu'à la création de la FIPOE. Les principes qui étaient en cause à l'époque sont ceux-là mêmes sur lesquels repose la formation de la FTQ-Construction aujourd'hui.
>
> En effet, aujourd'hui comme hier, ce qui nous guide, c'est le souci de donner aux membres la possibilité de décider de leur sort librement, en fonction de leurs intérêts fondamentaux. C'est aussi la volonté de leur donner des structures de décision qui leur ressemblent et qu'ils contrôlent.
>
> À la FTQ, nous n'avons pas d'autre objectif. [...]
>
> La FTQ est un regroupement volontaire de sections locales. Un corps politique qui trouve sa force dans la solidarité d'organismes autonomes. Pas dans la contrainte ou l'intimidation... Les syndicats de la construction qui se regroupent chez nous savent que nous ne leur imposerons jamais une orientation qu'ils n'auront pas choisie.
>
> Ils savent aussi que toutes les fois qu'ils voudront mener des batailles légitimes, nous ferons peser tout le poids des 350 000 membres que nous représentons pour les soutenir. (*FIPOE*, octobre 1981)

Puis, peu après la création de la FTQ-Construction, le Building Trades Department (BTD) intervient pour que le CTC la désavoue, allant même jusqu'à annoncer une suspension des cotisations de ses syndicats internationaux, mais le CTC résiste à ce chantage. Non seulement reconnaît-il de plein droit la FTQ-Construction, mais il suspend à son tour les unions affiliées au BTD pour non-paiement des cotisations. Sans entrer plus longuement dans cette histoire, cette suspension vaudra au CTC une perte de 230 000 membres regroupés dans 10 unions internationales du secteur de la construction, et l'équivalent de 12,5 % des cotisations totales perçues par le CTC[13]. Comme quoi l'affirmation d'une plus grande autonomie a un prix !

13. Pour en savoir davantage, voir Jacques Rouillard, *op. cit.* et Louis Fournier, *op. cit.*

Congrès de fondation de la FTQ-Construction. De gauche à droite, Louis-Marie Cloutier (Syndicat des charpentiers – menuisiers), Louis Laberge (président de la FTQ), Dennis McDermott (président du CTC), Normand Tousignant (Syndicat des journaliers) et Jean Lavallée (directeur de la FIPOE). Photothèque FTQ.

Il faut rappeler, par ailleurs, que le CTC, depuis son congrès de 1974, s'était de plus en plus « canadianisé » dans le sens où il s'affirme davantage face au refus des syndicats internationaux de laisser les syndiqués canadiens choisir leur propre direction canadienne. De la même manière que la FTQ a poussé ses syndicats à développer leur autonomie québécoise et canadienne, elle a aussi tenté d'influencer le Congrès du travail du Canada dans la même voie, tout comme l'ont fait plusieurs syndicats du Canada anglais.

Au moment de la création de la FTQ-Construction, on en mesure les résultats : le CTC envoie promener le Building Trades.

C'est confirmé : la FTQ-Construction, l'organisation la plus représentative

Puis, en février 1981, à la suite de la création officielle de la FTQ-Construction, le temps est venu de faire le compte, pour les 42 sections locales visées, de celles qui veulent s'affilier à la FTQ et de celles qui veulent maintenir leur adhésion au Conseil provincial.

Dans son histoire sur le vote d'allégeance syndicale dans la construction, la Commission de la construction fait le compte-rendu suivant.

Le vote de février 1981 confirme la FTQ-Construction comme l'association la plus représentative. La FIPOE, elle, continue de représenter presque la totalité des ouvriers en électricité.

Vote de scission au sein du CPQMC

(Extrait, CCQ sur l'histoire du vote d'allégeance syndicale dans la construction – Direction recherche et organisation, mars 2007.)

« Quelque 73 000 salariés sont touchés par le changement. Chaque local est attribué à l'une ou l'autre des deux associations selon le choix exprimé, à majorité simple, par les membres du local. Ce choix implique donc un transfert de tous les salariés de chaque local vers la centrale qui emporte la majorité dans ce local. Des 42 locaux, 22 maintiennent leur affiliation, tandis que 20 se rangent du côté de la FTQ-Construction.

Calculée selon le nombre de membres, la répartition montre que la FTQ-Construction obtient 72,1 % des membres, contre 27,9 % pour le CPQMC (International). Ces résultats sont temporairement appliqués à la représentativité globale de 1978. Ils confèrent ainsi 49,3 % des salariés à la nouvelle FTQ-Construction et 19,1 % au CPQMC (International).

Un vote complet a lieu en novembre suivant et selon le projet de loi 109, tous les salariés doivent alors voter. La présomption de maintien de l'allégeance pour ceux qui n'exercent pas leur droit de vote est donc suspendue, mais elle continuera de s'appliquer lors des votes subséquents. Des 89 000 salariés éligibles, 68 000 se présentent aux bureaux de scrutin en novembre 1981.

Le CPQMC (International) atteint 24,0 % de représentativité et la FTQ-Construction obtient 45,7 %. La CSD obtient 10,0 %, la CSN, 19,5 % et le SCCN, 0,8 %. »

Crise économique et Corvée-Habitation

Puis la crise économique éclate. Le Québec est durement touché par cette récession qui trouve son origine dans la déroute de l'économie mondiale et de l'économie des États-Unis en particulier. Diminution des exportations québécoises, hausse faramineuse des taux d'intérêt, forte baisse des investissements, taux hypothécaires de plus de 20 %, chute de la construction résidentielle, chômage exorbitant de 14 %, tous les ingrédients sont réunis pour concocter un cocktail socioéconomique explosif.

En avril 1982, le premier ministre René Lévesque, dont le parti a été reporté au pouvoir un an plus tôt, convoque un sommet économique de deux jours pour trouver des solutions. C'est là que le président de la FTQ, Louis Laberge, lance pour la première fois l'idée d'un fonds d'investissement pour créer des emplois. Cette idée fera son bonhomme de chemin jusqu'en 1983, année de création du Fonds de solidarité de la FTQ.

Ce qui sera finalement retenu par le sommet est l'idée d'un fonds pour relancer la construction dans le secteur résidentiel. L'initiative verra le jour sous l'appellation Corvée-Habitation, qui offre aux acheteurs potentiels des maisons neuves à des taux hypothécaires plus bas que ceux du marché. Ces taux plus bas sont possibles grâce à la participation financière de plusieurs acteurs économiques, y compris les travailleurs qui puisent leur contribution à même leur fonds de retraite. Outre ces derniers, sont mis à contribution les employeurs de la construction, le gouvernement du Québec et certains de ses organismes, des institutions financières, quelque 275 municipalités et différents ordres professionnels

Le monde de l'électricité au Québec...

Du début des années 1980 jusqu'au tournant de 1990, Hydro-Québec doit composer avec la saturation de certains marchés, la longueur de la récession économique et les controverses environnementales de plus en plus nombreuses. Parallèlement à l'exécution des travaux de la phase 2 du complexe La Grande, elle se tourne vers la promotion de l'efficacité énergétique et le développement de nouvelles formes d'énergie.

Louis Laberge au sommet économique

(Extrait du livre *Louis Laberge, le syndicalisme c'est ma vie*, de Louis Fournier, p. 306.)

« Je suis prêt à recommander à nos membres de contribuer à un fonds d'investissement d'urgence pour sauver et créer des emplois. J'aimerais que tout le monde ici fasse de même, les patrons et le gouvernement. »

Louis Laberge, président de la FTQ, s'adresse aux participants du sommet économique de 1982, convoqué par le premier ministre René Lévesque. Louis Laberge était accompagné de Jean Lavallée, directeur de la FIPOE. Photographe : Hélène Rochon. Photothèque FTQ, Hélène Rochon.

Le premier ministre René Lévesque préside le Sommet. Photothèque FTQ, Hélène Rochon.

(par exemple, ceux des architectes, des ingénieurs, des arpenteurs-géomètres et des notaires).

Sur trois ans, on estime que cette initiative a aidé à créer 35 000 emplois directs dans la construction et le double d'emplois indirects dans les autres secteurs économiques. Sur les 77 500 nouveaux logements construits au 31 juillet 1984, la moitié sont le résultat direct de Corvée-Habitation. Pour comprendre la réussite du projet, il suffit de mentionner que d'août 1982 à juillet 1984, les mises en chantier s'accroissent de 31,4 % au Québec, contre 8,8 % en Ontario et une baisse de -2,3 % au Canada.

Reproduction du message signé par les joueurs de hockey Wayne Gretzky (99) et Mike Bossy à l'occasion du dixième anniversaire de la FIPOE. Journal *FIPOE*, octobre 1982.

Au sein même des syndicats de la construction, chacun y met du sien. Nombreux sont ceux qui, après avoir travaillé suffisamment pour avoir droit au chômage, cèdent leur place à des moins chanceux. Les ouvriers en électricité connaissent bien ces gestes de solidarité, qu'ils pratiquent au quotidien. Toujours plus unis, ils célèbrent la même année le 10e anniversaire de la FIPOE.

Les relations de travail

Lors de la période de maraudage, en 1983, la FIPOE met de l'avant des revendications qui, si elles étaient satisfaites, amoindriraient les effets de la crise économique sur les ouvriers et permettraient un plus grand partage du travail, dont la diminution de la semaine de travail et du travail en temps supplémentaire, ce dernier privant l'industrie d'environ 5 000 emplois additionnels.

La FTQ-Construction, qui vient à peine de voir officiellement le jour, confronte le syndicat international qui, entièrement contrôlé par Washington, n'a pas d'autonomie ni d'assise proprement québécoise. Le maraudage est ici une bonne occasion de montrer les avantages d'un syndicat québécois, indépendant et autonome, dont les fonds, par ailleurs, sont entièrement dépensés au Québec, à l'usage exclusif des membres.

Toutefois, c'est sans compter sur les moyens des Building Trades, qui réussissent à garder et à accroître leur membership grâce à la « carte de voyage » qui permet à leurs membres de travailler aux États-Unis.

Lors des négociations qui vont suivre, les parties s'entendent pour prolonger le décret des conventions collectives jusqu'au 30 avril 1984, avec des augmentations de salaires de 10 %, contestées en vain par l'Association des employeurs en construction du Québec (AECQ).

Pendant ce temps, le gouvernement du Parti québécois se prépare à un affrontement majeur avec les employés de la fonction publique, du réseau de la santé et de celui de l'éducation. Une semaine seulement après la tenue du sommet de 1982, le premier ministre demande la réouverture des conventions collectives dans les secteurs public et parapublic et l'acceptation d'un gel des salaires. Il annonce aussi que la progression dans les échelons serait bloquée. En cas de refus de telle demande, le gouvernement menace de supprimer 17 000 postes.

Peu à peu, le projet de société si attirant proposé par le Parti québécois dans les années 1970 s'amenuise, si bien qu'à la veille des élections de 1985, le programme du parti s'apparente beaucoup plus à celui du Parti libéral qu'à un parti défendant les idées de la social-démocratie. Mettant de côté l'intervention économique de l'État, l'entreprise privée devient pour le PQ le moteur du développement économique, la réduction des dépenses gouvernementales, un leitmotiv nauséabond, et l'allègement de la fiscalité des entreprises et des particuliers, un objectif obligé. Le discours électoral du Parti québécois va même jusqu'à ignorer la question nationale…

Cela aura pour effet de réduire énormément l'ardeur de nombreux syndicats impliqués activement dans l'action politique.

L'ardeur est d'autant moins grande que les négociations de 1984 ont été paralysées durant plusieurs mois et que c'est par un article du *Devoir* que la FIPOE apprend, le 24 août 1984, qu'une entente a été conclue entre les parties syndicales (Conseil provincial, CSN, CSD) et patronale (AECQ). La FTQ-Construction a bien cherché à conclure une entente avec le Conseil provincial afin d'être reconnue comme agent négociateur, selon la règle de représentativité de 50 % plus un, mais le Conseil provincial a refusé et s'est ensuite tourné vers les autres centrales, pensant ainsi avoir exclu définitivement la FTQ des négociations à venir.

L'entente est décevante : gel de salaire la première année, abolition des primes d'intempérie, des frais de logement et des frais de déplacement, polyvalence accrue des métiers, etc.

La FIPOE, à nouveau, se mettra à la tâche et fera tout son possible pour que la FTQ-Construction s'impose lors de la prochaine ronde de négociations et qu'elle devienne majoritaire dans l'ensemble de l'industrie.

Les secteurs public et parapublic aux barricades…

Coalisés, les syndicats des secteurs public et parapublic refusent de faire les frais de la crise économique et de venir à la rescousse du gouvernement péquiste.

Intolérant, ce dernier adopte une série de lois spéciales tout aussi sévères les unes que les autres : désindexation partielle des prestations de retraite, baisse des salaires, maintien en tout temps des services essentiels…

Au bout de quelques mois de pourparlers, le gouvernement adopte un décret fixant les conditions de travail et quelques mois plus tard, il force le retour au travail des récalcitrants, les enseignants principalement.

Implacable, le gouvernement du PQ, celui qui disait avoir un « préjugé favorable aux travailleurs », se fait le champion de la répression.

Nombreux seront ceux qui, dans le secteur public comme dans le secteur privé, perdent leurs illusions.

Trois ans plus tard… le Parti québécois en paiera le prix.

Le congrès spécial de la FTQ sur les élections provinciales refusera à près de 60 % d'entériner une proposition du Conseil général d'appuyer le PQ. Pour une fois, la devise du Québec est à l'ordre du jour : « *Je me souviens…* »

En décembre 1985, le Parti libéral l'emporte par une victoire éclatante !

« La FIPOE est le cœur de la FTQ-Construction... et le cœur doit battre plus fort que jamais... »

Lors du vote d'allégeance de 1985, Louis Laberge rappelle à tous les syndicats de la FTQ-Construction la condition qui leur permettra de satisfaire leurs revendications : la majorité absolue.

« [...] tant que nos locaux de la FTQ-Construction ne détiendront pas globalement une très forte majorité, nous n'arriverons pas à négocier une convention collective qui réponde vraiment à vos besoins.

[...] La majorité absolue est vraiment à portée de main... Un revirement majeur est en train de se produire entre autres chez les plombiers et chez les ferblantiers, qui avaient été jusqu'ici les deux piliers de l'édifice en voie de démolition qu'est devenu le Conseil provincial. Dans le cas des plombiers, nous savons que l'exécutif élu du 144 a décidé il y a quelques jours de passer en bloc au local 618 de la FTQ-Construction, entraînant avec lui plusieurs centaines de militants.

[...] La FIPOE a été depuis les tout débuts le cœur de la FTQ-Construction et, à ce moment-ci, le cœur doit battre plus fort que jamais... »

La FTQ-Construction réussira à accroître sa représentativité, mais pas assez pour obtenir la majorité absolue.

Faute de cette majorité, la FTQ-Construction propose alors au Conseil provincial de faire alliance pour la négociation de 1986. Les deux organisations conviennent d'un protocole de négociation et de quatre grandes revendications : la sécurité du revenu, la réduction du temps de travail, les augmentations de salaire et l'abaissement de l'âge de la retraite à 55 ans.

La ronde de négociations permet un certain rapprochement entre les parties, ces dernières en étant arrivées à une « vraie » négociation, se concluant par une convention collective agréée de

Le comité paritaire au travail

Le comité est présidé par Jean Sexton, professeur en relations industrielles, avec la participation d'un assesseur syndical (Jean-Guy Frenette) et d'un assesseur désigné par l'AECQ (Joëlle L'Heureux).

Trois mémoires sont soumis au comité par les organisations syndicales.

Le premier portait sur la planification des travaux et sur l'instabilité de l'activité dans l'industrie de la construction et de ses effets sur les vrais travailleurs de la construction. Le mémoire propose la création d'une Commission québécoise d'étalement des travaux où doivent siéger des représentants du gouvernement, des syndicats, des employeurs et des municipalités.

Cette commission aurait pour mandat :

- la planification des travaux dans l'industrie de la construction, eu égard à la demande des travaux ;
- l'étalement plus rationné des travaux publics et parapublics et autres travaux majeurs ;
- l'étalement cyclique et saisonnier des travaux.

Le deuxième mémoire dresse le portrait des heures régulières et supplémentaires et conclut sur la nécessité d'une meilleure répartition des heures et sur la réduction de la semaine normale de travail.

Le troisième porte sur la sécurité d'emploi et de revenu afin d'assurer aux travailleurs un emploi et un revenu plus stables, avec l'instauration de prestations supplémentaires du régime d'assurance-chômage en cas de période prolongée de chômage.

* Jean-Guy Frenette, alors à l'emploi de la FTQ comme conseiller politique, a travaillé activement à la mise en place du Fonds de solidarité de la FTQ et du programme Corvée-Habitation.

part et d'autre. La FIPOE juge positifs les résultats de la négociation, même « si ce n'est pas le Pérou », parce que la partie patronale entendait imposer un recul inacceptable dans les conditions de travail (élimination de la quasi-totalité des primes, salaire inférieur pour le secteur résidentiel, abolition des vacances annuelles), et que l'entente a permis de conserver les droits acquis, de bonifier la contribution des employeurs aux avantages sociaux et au régime de retraite, d'accroître les frais de logement et de déplacement ainsi que les salaires. Et avec ça, la mise sur pied d'un comité paritaire pour étudier les questions de la réduction du temps de travail et de la sécurité du revenu.

Moyennant l'amélioration des salaires et des avantages sociaux, cette entente sera par la suite prolongée jusqu'en 1989 afin de permettre au comité paritaire de compléter ses travaux.

En juin 1986, un groupe de travail sur la déréglementation dirigé par le député libéral Reed Scowen présente son rapport. Essentiellement, il propose d'adoucir les règles du régime de santé et de sécurité du travail, de restreindre la loi anti-briseurs de grève, de modifier les règles de placement dans l'industrie de la construction et d'exclure le secteur résidentiel du décret de la construction.

Le ministre libéral du Travail, Pierre Paradis, souscrit à plusieurs de ces recommandations. Le projet de loi 119 est adopté en décembre 1986, malgré l'opposition unitaire des syndicats de la FTQ et de la CSN. Cette loi, qui crée aussi la Commission de la construction du Québec (CCQ) en remplacement

de l'Office de la construction, ouvre les chantiers à tous les travailleurs jugés compétents, sans égard à l'ancienneté, en abolissant la carte de classification.

Pour la FIPOE, cela veut dire le retour à l'anarchie constatée au moment de la commission Cliche, alors que 200 000 travailleurs s'arrachaient 60 000 emplois. Les employeurs auront alors l'embarras du choix : les plus vigoureux, les moins exigeants, les plus dociles…

Les organisations syndicales gagnent un moratoire de quatre mois pour les manœuvres et les apprentis. La FIPOE réclame des garanties sur la formation professionnelle afin que les bassins de main-d'œuvre correspondent davantage au travail disponible.

Le 10 mai 1988, le ministre du Travail, Pierre Paradis, poursuit son œuvre de destruction et dépose le projet de loi 31, qui soustrait du décret certains travaux du secteur résidentiel, comme le proposait le rapport Scowen. En deux temps, trois mouvements, il est adopté le 15 juin suivant, malgré l'opposition tant des syndicats que du patronat. « La loi 30 sera adoptée demain, titre *Le Devoir* du 27 décembre 1987, Paradis se fiche de l'accord des patrons et des syndicats. » L'accord syndical-patronal est tel que plusieurs employeurs se joignent à une manifestation organisée le 7 juin 1988 par la FTQ en signe de protestation contre le projet de loi.

Peu de temps auparavant, le 22 février 1988, un événement tragique venait bouleverser la vie de tous les jours au sein de la FTQ-Construction, alors que quatre de ses représentants trouvaient la mort dans un accident d'avion en Gaspésie, dont deux proviennent de la FIPOE.

1988 : mort tragique dans le monde de la construction

Ceux et celles qui, réunis en assemblée syndicale à Chandler en Gaspésie ce 22 février, attendent les quatre représentants venus de Montréal pour discuter du dossier de la machinerie de production, ne les verront jamais. C'est que le petit appareil qui les transporte, conduit par deux pilotes, s'est abîmé dans la baie des Chaleurs. Tous perdent la vie.

Les funérailles, impressionnantes, ont lieu à la cathédrale Marie-Reine-du-Monde de Montréal le 27 février 1988, en présence de plus de 3 500 personnes.

On ne peut passer à côté des hommages qui leur ont été rendus.

Les témoignages abondent et il faudrait des pages pour en rendre compte de façon détaillée. Ceux de Jean Lavallée, de Simon Lemire, de Louis-Marie Cloutier et de René Mathieu s'adressent respectivement à chacun de leurs confrères disparus. Les quatre militants occupent respectivement les postes de dirigeant de la FIPOE, de l'Association nationale des travailleurs en tuyauterie (section locale 618), de la Fraternité

Dans le numéro du journal de la FIPOE de septembre 1988, on retrouve le texte de l'hommage rendu par l'ensemble des travailleurs et travailleuses de la FTQ.

Quatre hommes de cœur

« Ils sont morts au travail le 22 février : quatre hommes de cœur, électriciens, plombier et mécanicien de métier, Guy Perreault, Claude Proteau, Jean-Claude Sureau et Gaétan Boucher.

Hommes de cœur, hommes d'une cause, frères dans la même organisation syndicale, la FTQ.

Aujourd'hui comme hier, être permanent syndical, être permanente syndicale, c'est un acte de disponibilité et de dévouement constamment répété, jumelé d'un profond désir d'entraide et de justice sociale. C'est aussi un métier exigeant qui comporte des risques constants.

Nos quatre compagnons sont allés au maximum de leur engagement. Ils ont donné leur vie pour l'amélioration des conditions de travail dans le secteur de la construction. Pour que d'autres travailleurs, d'autres travailleuses, vivent mieux.

Mourir au travail, mourir à l'œuvre, pour l'œuvre à laquelle on croit du plus profond de soi-même, c'est ce qu'il y a de plus dur, de plus terrible. Violence terrible pour ceux qui partent. Tragédie pour ceux et celles qui restent.

Rien ne remplacera la chaleur, le charisme, la présence, la tendresse de ces hommes.

Ils nous laissent leur conviction, leur détermination, leur amour de la vie, leur combat pour un mouvement syndical solidaire et fraternel.

Guy, Jean-Claude, Claude et Gaétan avaient donné un sens à leur vie. Animés du désir d'un monde meilleur, ils voulaient rendre plus humaine la vie de leurs compagnons et compagnes de travail.

Ce sont des bâtisseurs. Présents à la FTQ-Construction depuis les tout débuts, ils ont contribué à la formation de milliers de militants et militantes.

Le travail d'artisan de nos compagnons pour un syndicalisme renouvelé, ouvert, franc, respectueux de toutes nos réalités, ne pourra que rayonner, et alimenter pour toujours ceux et celles qui les ont connus.

Leur amour du syndicalisme aura été exigeant pour leurs épouses, leurs enfants et leurs proches à qui ils ont sans doute trop demandé.

Ces quatre hommes n'auraient pas été les mêmes sans leur engagement. Ils ont exercé leur métier de syndicalistes en toute conscience et conviction.

Ils ont tout notre respect.

Les travailleurs et les travailleuses de la FTQ

Montréal, le 27 février 1988 »

Guy Perreault, 52 ans, directeur général de la FTQ-Construction et bras droit de Jean Lavallée. Il était un électricien de métier, ex-dirigeant de la FIPOE. Photographie : Michel Cloutier, 1985. Photothèque FTQ, Serge Jongué.

Claude Proteau, 42 ans, était directeur adjoint de la FIPOE. Photothèque FTQ.

Jean-Claude Sureau, 45 ans, dirigeait l'Association nationale des travailleurs en tuyauterie. Photothèque FTQ.

Gaétan Boucher, 37 ans, était représentant de l'Association nationale des mécaniciens industriels de chantiers. Il était aussi le père du chanteur bien connu Daniel Boucher. Photothèque FTQ, Michel Cloutier.

La FTQ en deuil. Photothèque FTQ, Jacques Lavoie.

C'est sous la plume d'André Messier, décédé en 2015, et sous la forme d'un poème, que le journal de la FTQ, *Le Monde ouvrier*, souligne cette catastrophe.

La FTQ en deuil

L'oiseau blessé

Ils étaient quatre,
amis et camarades
qui avaient pris place
dans le ventre de l'oiseau

Ils n'allaient pas loin
restaient même dans leur pays
heureux de travailler
et sûrs de revenir

Ils défendaient les autres, des hommes surtout,
à cœur de journée, à cœur d'année
rêvant d'aller plus haut et plus loin
dans le ventre de l'oiseau

Ils étaient proches des leurs,
familles anciennes et nouvelles
familles sans frontière
sur une terre de chez nous

L'oiseau était blessé
et s'est déréglé
dans la neige et dans la gelée
sur son ventre est tombé

Ils sont encore avec nous
Guy, Claude, Jean-Claude et Gaétan
plus grands et plus beaux
dans nos ventres meurtris.

André Messier

nationale des charpentiers-menuisiers, forestiers et travailleurs d'usines et de l'Association nationale des mécaniciens industriels (section locale 1981).

Pour Jean Lavallée, Claude Proteau, avec qui il a fait route pendant 20 ans, était « un homme qui ne comptait jamais son temps, avec un esprit d'équipe exemplaire… Nous deux, on était comme des grands amis, plus que des frères. On aimait être ensemble à l'occasion des anniversaires de naissance, à Noël, au jour de l'An, à Pâques… et chaque année, on partait en excursion pour la pêche et la chasse. Mais une telle tragédie arrive sans qu'on s'y en attende, sans nous avertir, sans nous ménager… On se parle et, quelques heures plus tard, on apprend qu'il n'est plus, que jamais plus nous ne pourrons partager, échanger et rire ensemble. C'était comme si une importante partie de moi était partie avec lui et cela a créé un vide irremplaçable. »

Simon Lemire a, entre autres, travaillé avec Jean-Claude Sureau sur les chantiers du Parc olympique en 1976. « C'était un homme proche de sa famille, préoccupé de justice. Il faisait d'emblée confiance à tout le monde. Pas de malice. Pas méfiant pour un sou. Comme directeur du syndicat, il ne prenait jamais le crédit du bon travail. Il disait : "C'est grâce à André, Gilbert, Simon, Gérald…" À l'inverse, lors des coups durs, il en prenait le blâme. Ce n'était jamais la faute des autres. Quel homme merveilleux ! »

Louis-Marie Cloutier, un ami de Guy Perreault, voyait en lui une nouvelle vision du syndicalisme. « En seulement quelques mois, Guy avait déjà réussi à unifier les énergies de tous autour d'une nouvelle FTQ-Construction et autour d'objectifs définis… Il avait réussi à communiquer son enthousiasme à tous les affiliés. Il avait aussi commencé à établir des ponts avec les autres organisations syndicales. Son projet, c'était de rassembler les travailleurs de la construction autour d'objectifs communs. Pour moi, sa disparition tragique, c'est une catastrophe tant sur le plan personnel, parce que c'était un ami, que sur le plan syndical, parce qu'il incarnait l'espoir d'un renouveau syndical dans la construction. »

Pour René Mathieu, Gaétan Boucher, son collègue de travail, incarnait autant le plaisir de vivre que de travailler. « Gaétan Boucher était un gars d'équipe, perspicace, vite sur ses patins, toujours prêt à rendre service. Avec lui, grâce à ses rires communicateurs, un travail contraignant devenait plus facile et moins désagréable. Il avait une conscience très poussée du devoir. Il détestait le manque de "fair-play" et les injustices. Si j'avais à choisir un ami, un frère, c'est un gars comme Gaétan que je choisirais. »

Reprenons à notre compte un extrait du message de la FTQ à l'occasion de leur décès : le travail d'artisan de ces compagnons pour un syndicalisme renouvelé, ouvert, franc, respectueux de toutes les réalités, ne pourra que rayonner, et alimenter pour toujours ceux et celles qui les ont connus.

Peu après, Yves Paré prend la relève de Guy Perreault à titre de directeur général de la FTQ-Construction. Il est alors dirigeant de l'Union des opérateurs de machinerie lourde (section locale 791).

CHAPITRE 11

Les années 1990 : la FIPOE prend toute sa place

Après avoir joué un rôle prépondérant dans la formation et la consolidation de la FTQ-Construction dans les années précédentes, la FIPOE s'affirme de plus en plus comme organisation indispensable dans un éventail d'activités, allant des relations de travail jusqu'à la lutte pour la souveraineté du Québec, en passant par les dossiers quotidiens que sont la formation professionnelle, la santé et la sécurité, la lutte au travail au noir, la place des femmes dans l'industrie de la construction ou la sécurité du revenu.

Au chapitre du recrutement, elle représente presque la totalité des travailleurs du secteur de l'électricité et ses efforts d'organisation portent fruit. Par exemple, en décembre 1989, la FIPOE est fière d'annoncer qu'après une quinzaine d'années de pourparlers, les 1 600 monteurs de lignes de la section locale 1675 de Québec ont décidé de joindre ses rangs.

L'une de ses plus grandes « réussites » réside également dans les modifications qu'elle obtient dans les règles qui régissent les relations de travail et l'obtention de négociations sectorielles, après plusieurs années de revendications, à défaut de négociations par métiers lui permettant de s'adresser directement à ses vis-à-vis du côté patronal.

Le point fort des négociations qui s'amorcent en 1990 sera, de concert avec la FTQ-Construction et les autres organisations syndicales, de faire de la stabilisation du revenu et de l'emploi la priorité. Cette priorité ressort d'ailleurs des travaux de la commission Picard-Sexton.

Stabilisation du revenu et de l'emploi

Désignée à la suite des travaux du comité sur le temps de travail et la sécurité du revenu mis sur pied en 1986, la commission d'enquête Picard-Sexton[14] sur la stabilisation du revenu et de l'emploi dans l'industrie du bâtiment dépose son rapport en juin 1990. Ce dernier favorise une véritable politique de la construction au Québec, préconisant une planification des travaux de construction, la tenue de sommets annuels de la construction, des programmes efficaces de formation professionnelle, de perfectionnement et de recyclage, l'établissement de prestations supplémentaires d'assurance-chômage lorsque survient une période prolongée de chômage, la primauté de l'embauche régionale sur l'embauche externe ainsi que l'élimination du travail au noir, estimé à quelque 23,6 millions d'heures, pas loin du quart de la totalité des heures travaillées.

Aussitôt, la FIPOE exige l'application immédiate des recommandations du rapport.

> La construction au Québec, explique Jean Lavallée, c'est important : 110 000 travailleurs, 17 000 employeurs, 17 milliards de dollars en travaux, 2 milliards de dollars de masse salariale, en 1988.
>
> Mais… les travailleurs ne travaillent en moyenne que six mois par année ; il n'y a pas de planification des travaux, le travail au noir est rendu à 25 %, etc. C'est une situation inacceptable ! (*FIPOE*, novembre 1990)

Les négociations de 1990 représentent une occasion rêvée pour exiger la mise en application de certaines des recommandations du rapport Picard-Sexton. Outre la sécurité du revenu et de l'emploi, ces revendications comprennent la retraite à 55 ans sans pénalité, la réduction du temps de travail hebdomadaire et un contrôle plus sévère du temps supplémentaire.

14. Laurent-A. Picard, décédé en 2012, était professeur aux HEC et à McGill. Il a été président de Radio-Canada et a participé à de nombreux travaux gouvernementaux. Jean Sexton a participé à trois commissions d'enquête sur l'industrie de la construction (Cliche, Picard-Sexton, Lesage) et à de nombreux comités de travail. Spécialiste en relations de travail, il a enseigné au département du même nom de l'Université Laval de 1972 à 2005.

Monteurs de lignes construisant la ligne de distribution entre les chantiers Romaine II et Romaine III. Prise pour le plaisir, cette photo de monteurs en grappe indique une marche à ne pas suivre. Ha! Ha!

Mais comme trop souvent auparavant, les négociations font du surplace. L'Association des entrepreneurs en construction du Québec, fidèle à sa pratique, fait tout pour bloquer le processus de négociation en offrant rien de moins que de sabrer dans les conditions de travail en général et en ciblant davantage le secteur résidentiel. Et comme on pouvait facilement s'y attendre, elle ignore purement et simplement les conclusions du rapport Picard-Sexton.

Tout juste avant sa démission comme ministre du Travail, le libéral Yves Séguin impose à nouveau un décret qui ignore également ces conclusions. Toutefois, il retiendra, parmi les revendications syndicales, l'abaissement de l'âge de la retraite de 58 à 55 ans.

La FIPOE fera des mains et des pieds pour ouvrir le décret et obtenir l'application de certaines mesures préconisées par le rapport Picard-Sexton.

> Il y a eu des occupations des bureaux de tous les ministres et députés du Québec, rappelle Jean Lavallée, il y a eu de nombreuses manifestations, il y a eu des rencontres avec des ministres, il y a eu des télégrammes, des tracts, des discussions… Monsieur le Ministre, nous allons vous talonner jusqu'au bout… (*FIPOE*, mai 1991)

Un membre de la FIPOE porte une pancarte exigeant l'adoption du projet de loi 185, promise par le ministre du Travail Normand Cherry pour contrer le travail au noir. Ce dernier renie ses engagements, mais à la suite de la pression du mouvement syndical, fait adopter le projet de loi. Celui-ci, malheureusement, ne comporte aucun mécanisme de contrôle du travail au noir. Photothèque FTQ, Serge Jongué.

La lutte au travail au noir

Le « talonnage » du nouveau ministre du Travail, Normand Cherry[15], donne des fruits : quelques mois plus tard, en juin 1991, le ministre annonce la mise sur pied d'un régime de supplément de revenu lié à la formation professionnelle, au perfectionnement et au recyclage en cas de chômage. Il s'engage également à organiser un sommet annuel de la construction dont l'objectif sera de planifier les travaux et de stabiliser le revenu des salariés.

Mais surtout, le ministre annonce le dépôt du projet de loi 185 contre le travail au noir : les employeurs favorisant le travail au noir subiront de fortes amendes et risqueront de perdre leur permis d'entrepreneurs. Le même sort sera réservé aux travailleurs illégaux. Les statuts d'artisans et d'entrepreneurs autonomes seront abolis pour ne donner place qu'à deux catégories : les salariés et les entrepreneurs. Les promesses du ministre n'ont pas de quoi étonner, sachant qu'il avait été président de l'Association des machinistes chez Canadair. Les syndicats s'en réjouissent.

Mais la joie est brève, l'Association provinciale des constructeurs d'habitations du Québec entreprenant avec succès de faire pression sur le ministre pour faire retirer le projet de loi. Ce dernier renie ses engagements en décembre 1991.

Le mouvement de protestation reprend : occupations de bureaux de députés, équipes dépêchées sur les chantiers pour empêcher les travailleurs illégaux, manifestations devant les bureaux du ministre Cherry… Le projet de loi 185 est finalement adopté

15. Normand Cherry avait été président de l'Association des machinistes chez Canadair. Jean Lavallée dira de lui qu'il ne passera pas à l'histoire « comme un homme de parole ni comme un législateur progressiste. Il sera toujours identifié comme un politicien sans envergure et sans colonne vertébrale ». (Journal *FIPOE*, novembre 1984)

au printemps 1992, mais sans les mécanismes de contrôle exigés par les organisations syndicales.

Le travail au noir, explique Jean Lavallée, « c'est un désordre organisé, un chômage éhonté ; le gouvernement actuel fait preuve d'une insignifiance difficilement qualifiable [...] », se privant de sources importantes de revenus en impôts et laissant la gangrène gagner d'autres secteurs.

Les représentants syndicaux et patronaux sont par contre parvenus à une entente sur le dossier de la formation professionnelle, du perfectionnement et du recyclage, tout en reportant à plus tard celui de la mise sur pied d'un régime de prestations supplémentaires d'assurance-chômage.

Le fonds de formation, un modèle !

La mise sur pied du fonds de formation constitue une avancée importante et répond aux revendications maintes fois réitérées par la FIPOE et la FTQ-Construction. Les parties négociantes introduisent dans les conventions collectives une cotisation de 20 cents par heure travaillée à être versée dans le fonds de formation à compter d'avril 1993. Cette cotisation visait l'ensemble des employeurs assujettis dans tous les secteurs de l'industrie et pour l'ensemble des heures travaillées.

> L'industrie de la construction au Québec a innové en créant littéralement une sorte de droit individuel à la formation, ce que plusieurs modèles sectoriels ou nationaux recherchent : faire en sorte que le travailleur ait le moins d'obstacles et le plus de soutien pour qu'il décide par lui-même d'améliorer ses compétences... Au Québec, les travailleurs assujettis dans l'industrie de la construction peuvent exercer ce choix librement. [...]
>
> À tous égards, on pourrait souhaiter que tous les secteurs d'activité économique au Québec soient aussi bien nantis et organisés pour assurer leur développement, en premier lieu, celui de leur main-d'œuvre[16].

Même au sein de l'industrie de la construction, ce ne sont pas les représentants de l'ensemble des secteurs qui partagent ce modèle basé sur le fonds de formation. Lors de la création du fonds, en 1993, l'Association provinciale des constructeurs d'habitation du Québec – l'association patronale dans le secteur résidentiel – dépose une requête en injonction pour contester son obligation de cotiser au fonds. Le dénouement de ce différend n'a lieu qu'en 1997, avec la création d'un fonds spécifique au secteur résidentiel. Pendant ce temps, les cotisations déposées dans le fonds passent de 7 millions de dollars en 1993 à 63 millions de dollars en 1997, puis à 170 millions de dollars en 2014. En ajoutant les 30 millions de dollars du fonds spécifique au secteur résidentiel, ce sont donc quelque 200 millions de dollars qui sont réservés à la formation des travailleurs et des travailleuses de la construction.

Les avoirs des fonds financent les activités de formation, y compris le remboursement, pour les travailleurs, des frais de déplacement, de repas et d'hébergement encourus pour leur formation. Les données montrent qu'environ 15 % de la main-d'œuvre participe aujourd'hui aux activités de formation.

Jusqu'à l'adoption du projet de loi 33 en 2011, deux comités paritaires patronal-syndical géraient les fonds, indépendamment de la Commission de la construction du Québec, mais en collaboration avec les structures de la CCQ reliées au perfectionnement. C'est toutefois cette dernière qui a maintenant la responsabilité de gérer les fonds.

La FTQ-Construction, le Conseil provincial et l'Association patronale du secteur résidentiel ont décidé de contester ce transfert de gestion et l'affaire est toujours devant les tribunaux.

Petit retour en arrière

Avant même la création de la FIPOE, ceux qui militent à la section locale 568 de l'IBEW ont à cœur de poursuivre la tradition qui trace le fil de formation entre les maîtres, les compagnons et les apprentis. Ils ne comptent pas sur l'État pour assurer la formation des électriciens et des monteurs de lignes. Chaque mois, le mensuel de l'IBEW consacre plusieurs pages à l'évolution de l'électricité, aux

16. Charest, Jean, professeur et directeur de l'École de relations industrielles, rapport remis à la ministre du Travail, Lise Thériault, en mai 2011, intitulé *Les fonds de formation dans l'industrie de la construction : état des lieux et enjeux.*

nouvelles connaissances et découvertes ainsi qu'aux règles de sécurité. On se fait un devoir d'en instruire l'ensemble des membres. La formation professionnelle est pour ainsi dire artisanale.

Au Québec, certaines écoles de métier apparaissent en 1925, mais elles demeurent marginales et il faudra attendre 1934 et la Loi relative à l'extension des conventions collectives pour qu'un système d'apprentissage plus structuré se mette en place, sans trouver toutefois le degré d'efficacité nécessaire à la pleine formation des ouvriers. La filiation, sur les milieux de travail, entre l'apprenti, le compagnon et le maître demeure prépondérante.

En 1964, le nouveau Code du travail introduit l'obligation pour l'employeur de signer un contrat d'apprentissage en vertu duquel le maître doit tenir compte des us et coutumes du métier à transmettre à l'apprenti qui, une fois l'expérience et les connaissances reconnues à partir d'un examen d'aptitudes professionnelles, deviendra compagnon.

En 1969, la gestion de la formation appartient désormais aux commissions de formation professionnelle (CFP) mises en place par le gouvernement du Québec. Désormais, le monde du bâtiment s'éloigne de la formation de sa propre main-d'œuvre et ce n'est qu'à la fin des années 1980 qu'on assiste en partie à un retour du balancier, le respect de l'application des règles relatives à la formation appartenant désormais à la Commission de la construction du Québec. L'apprentissage devient alors un cursus obligatoire entre l'école (diplôme d'études professionnelles) et la pleine maîtrise du métier, calculée au terme d'un certain nombre d'heures effectuées. Le lien entre l'apprenti et le compagnon est toujours tissé serré, bien que ce dernier ne dispose d'aucun outil pédagogique et d'amélioration professionnelle spécifique à cet effet sur les lieux de travail.

Dès sa fondation, la FIPOE met beaucoup d'énergie dans la formation professionnelle, le perfectionnement et le recyclage de ses membres. La FIPOE participe aux comités des CFP et organise des cours de formation syndicale. Elle demande au gouvernement d'élargir la vocation des CFP pour en faire de véritables centres de formation et de développement des travailleurs.

La FIPOE s'oppose à chaque occasion à toute hausse des droits de scolarité dans les programmes de perfectionnement et de recyclage de la main-d'œuvre auxquels les salariés de la construction sont les plus nombreux à s'inscrire.

Plusieurs études auxquelles la FIPOE a participé sur les besoins en formation professionnelle ont donné lieu au développement de cours spécifiques, comme des cours en fibre optique, en soudure d'aluminium, en instrumentation ou en lien avec les changements technologiques.

Un esprit sain dans un corps sain

Pour la FIPOE, formation physique et formation intellectuelle sont indissociables. On ne s'étonnera donc pas de voir plusieurs de ses membres participer à divers événements sportifs, dont plusieurs olympiades. D'ores et déjà, c'était la pratique au sein de la section locale 568…

Des membres de la FIPOE aux olympiades

La FIPOE se mérite même le prix Optima 1991, décerné par la Commission de formation professionnelle (Laurentides-Lanaudière) dans la catégorie « action sociale en développement de la main-d'œuvre ». Des membres de la FIPOE se présentent aux Olympiades en formation professionnelle. Tout d'abord en 1992, aux olympiades québécoises, dans la catégorie des moins de 21 ans, alors qu'Éric Tourangeau, apprenti première année et étudiant en électricité, gagne la médaille d'or. Il se mérite par la suite la médaille d'argent aux olympiades nord-américaines et est invité à participer en juin 1993 aux olympiades mondiales, à Taipei en Chine, où il arrive onzième. Dans la catégorie des 21 ans et plus, deux membres de la FIPOE du Saguenay–Lac-Saint-Jean se méritent respectivement, en mai 1992, les médailles d'argent et de bronze aux olympiades québécoises.

Mais bien avant, au sein de la section locale 568, certains ont remporté tous les honneurs, comme Robert Smith, en 1956.

Le contingent de la FIPOE, lors de la manifestation du 1er mai 1978, avec une banderole de l'association sportive de la FIPOE en avant-plan. « Un esprit sain dans un corps sain », un adage partagé par la FIPOE. Phototèque FTQ.

À 39 ans, Arnold Guérin était permanent de la FIPOE au bureau de Jonquière. À cet âge, il avait déjà participé à trois reprises à l'Ironman, une épreuve constituée de 3,9 kilomètres de nage, de 180 kilomètres de vélo et de 42 kilomètres de course à pied. Directeur général de la FIPOE et ex-président de la FTQ-Construction, Arnold Guérin a eu besoin de cet exercice pour décompresser et pour réussir à accomplir l'ensemble de ses fonctions syndicales. Photothèque FTQ.

Le *scrapage* de la loi 142 : toute une victoire !

En 1993, tel que prévu dans la loi, le ministre du Travail convoque les parties à un sommet sur la construction. Les représentants de la FIPOE, comme ceux des autres syndicats de la FTQ, jugent rapidement que la volonté gouvernementale n'y est pas, mais bons joueurs, participent aux travaux.

Peu de temps après, la ronde de négociations achoppe et le ministre convoque les parties à des auditions à la Commission permanente de l'économie et du travail, qui traitent notamment du travail au noir. Jugeant que les dés sont pipés, Jean Lavallée s'y rend, le temps de dire que la FTQ-Construction ne cautionne pas la tenue de ces auditions.

Le gouvernement libéral de Robert Bourassa décide alors de jeter de l'huile sur le feu et de compléter ce qu'il n'a pas pu concrétiser en 1986 : sortir du décret l'ensemble de la construction résidentielle. Le projet de loi 142 est déposé. En fin de compte, dit la FIPOE, cela équivaut à déchirer la convention collective de près de 30 000 travailleurs et c'est avec la rage au cœur que Jean Lavallée se rend en commission parlementaire pour dénoncer le projet de loi. Les travailleurs visés perdent leur statut de syndiqué : finis le taux de salaire négocié, les régimes de retraite et d'assurances et la défense de leurs droits.

La riposte s'organise et on peut dire aujourd'hui que c'est à un véritable modèle de solidarité qu'on assiste. Bien qu'ils ne soient pas directement visés par le projet de loi 142, des dizaines de milliers de travailleurs des autres secteurs se mobilisent pour défendre leurs collègues du secteur résidentiel, bien décidés à combattre jusqu'au bout le projet gouvernemental antisyndical. « Tous pour un, un pour tous ! », comme auraient dit les trois mousquetaires…

Malgré tout le mouvement d'opposition et de grèves sur un grand nombre de chantiers, d'occupations et de manifestations, c'est avec un cynisme honteux que le projet de loi 142 est adopté en décembre 1993 sous le nom de Loi modifiant la

Yves Paré et Jean Lavallée, respectivement directeur général et président de la FTQ-Construction, lors d'une manifestation à l'occasion du Sommet de la construction, le 27 octobre 1993. Photothèque FTQ, Serge Jongué.

Manifestation des syndicats affiliés à la FTQ-Construction contre la loi 142, déréglementant 85 % de la construction résidentielle au Québec. Photothèque FTQ, Alain Gauthier.

Loi sur les relations du travail, la formation professionnelle et la gestion de la main-d'œuvre dans l'industrie de la construction. En plus de constituer une loi de retour au travail implacable, la loi prévoit la déréglementation de 85 % de la construction résidentielle du Québec. Tous les projets de construction d'édifices de huit logements et moins sont touchés. Les entrepreneurs pourront alors recourir à des ouvriers non syndiqués, à faibles salaires et sans avantages sociaux.

Pour la FIPOE, la loi constitue ni plus ni moins que l'institutionnalisation du travail au noir que le gouvernement prétendait faussement combattre. Cette loi permet tout simplement de légitimer une situation jusque-là illégale.

Le seul point positif qui résultera du projet de loi 142, et du branle-bas syndical, sera celui de la reconnaissance du principe de la négociation sectorielle dans l'industrie de la construction. Les secteurs sont au nombre de quatre :

- institutionnel/commercial,
- industriel,
- génie civil et voirie,
- résidentiel.

Lors de la campagne électorale de 1994, Jacques Parizeau est invité au congrès spécial de la FTQ sur les élections et promet de « *scraper* la loi 142 ». Les 800 délégués au congrès l'applaudissent et mettent leur confiance dans sa parole.

Impliquée dans la campagne électorale, la FIPOE demande à l'ensemble des députés du Parti québécois de prendre publiquement position contre le travail au noir et d'en faire une position officielle de son programme électoral.

Le 12 septembre 1994, le Parti libéral est battu et le Parti québécois, porté au pouvoir. Pour Jean Lavallée, sans contredit, la bataille contre le projet de loi 142 a contribué à la défaite des libéraux :

> Notre campagne « anti-142 », avec notre connaissance du milieu, nos objectifs, nos activités et notre logique, a été une carte importante dans la défaite de l'ancien gouvernement.
>
> Je crois que nous avons maintenant l'occasion privilégiée de remettre de l'ordre dans l'industrie de la construction. Peut-être que les années difficiles que nous venons de passer, avec courage et persévérance, seront bientôt de mauvais rêves que nous allons oublier. (FIPOE, novembre 1994)

Pour le dirigeant de la FIPOE et de la FTQ-Construction, il s'agit maintenant de convaincre le nouveau gouvernement de mettre en application les recommandations du rapport Picard-Sexton (sécurité d'emploi et sécurité du revenu, programme de prestations supplémentaires d'assurance-chômage, éradication du travail au noir et planification de l'industrie de la construction) et de réintégrer dans la loi le secteur résidentiel de huit logements et moins.

Le projet de loi 46, piloté par la ministre du Travail, Louise Harel, est adopté en février 1995. La nouvelle loi abolit l'infâme loi 142, réintègre le secteur de la construction résidentielle au décret et introduit, à côté des quatre négociations sectorielles, une table commune où sera négocié le tronc commun des dispositions s'appliquant à l'ensemble des secteurs. Jean Lavallée se réjouit : « La loi 142 est abolie. Tous les membres auront droit, à l'avenir, à des conditions de travail négociées. C'est le retour au droit à la syndicalisation que nous avait retiré le gouvernement précédent. » (FIPOE, octobre 1995)

Les négociations qui suivent ne sont pas pour autant plus faciles. Une nouvelle crise économique sévit et les employeurs du secteur résidentiel opposent encore une fois une résistance farouche. Si quelques semaines suffisent au secteur institutionnel/commercial pour en arriver à une entente, il faudra attendre un an pour que le secteur industriel y arrive. Les négociations finissent par aboutir dans le secteur génie civil et voirie et, en mai 1997, l'ensemble des conventions collectives ont été ratifiées, à l'exception du secteur résidentiel où la situation est au point mort.

L'Association de la construction du Québec (ACQ), porte-parole patronal à la table de négociation, souligne que la signature des conventions collectives des secteurs industriel et institutionnel/commercial constitue une « grande première », car elle « met un point final à 17 ans de décret. Qualifiant cette entente de virage historique, l'ACQ dira que cet événement est d'ores et déjà le symbole de la nouvelle dynamique qui caractérise maintenant les relations du travail dans l'industrie de la construction au Québec. » (Journal de l'ACQ, *Construire*, avril-mai 1997)

Mais c'était sans compter le secteur résidentiel, où, après des mois et des mois de médiation sans résultat, l'Association des professionnels de la construction et de l'habitation du Québec – l'association patronale dans ce secteur – déclenche en décembre 1997 un lock-out, suspend l'application du décret et sabote les conditions de travail.

Jacques Labonté, alors directeur adjoint de la FIPOE, fait le constat suivant :

> [...] il n'y a plus de conditions de travail qui s'appliquent. Certains petits employeurs profitent de leurs salariés en abaissant le salaire et en ne payant ni pour la retraite, ni pour les assurances, privant ainsi femmes et enfants d'une protection primordiale dans la vie de tous les jours. Ces petits employeurs s'en foutent éperdument.
>
> Si vous faites partie de ces travailleurs qui ont été coupés dans leur salaire, dans leur retraite ainsi que dans leurs assurances, demandez donc à votre employeur s'il a baissé ses profits... ?

Machinerie de production, travail au noir et santé-sécurité du travail : même combat !

L'enjeu, dans le dossier de la machinerie de production, est de confier aux travailleurs de la construction les travaux d'installation, de réparation et d'entretien de la machinerie de production.

Les donneurs d'ouvrage, eux, veulent avoir le choix de recourir aux travailleurs de la construction ou de sous-traitants hors construction pour la réalisation de tels travaux.

Hors du secteur de la construction, les chambres de commerce de Montréal et de Québec, les manufacturiers et exportateurs du Québec, la Fédération canadienne de l'entreprise indépendante et le Conseil du patronat du Québec forment une coalition pour appuyer les donneurs d'ouvrage hors construction.

En 1997, l'association patronale dans la construction, l'ACQ, s'est rangée du côté des organisations syndicales et c'est ensemble qu'elles ont déploré le refus du gouvernement de donner suite à leur requête concernant la réintégration des travaux liés à la machinerie de production parmi les secteurs touchés par la Loi sur les relations du travail, la formation professionnelle et la gestion de la main-d'œuvre dans l'industrie de la construction. Du côté syndical, Jacques Labonté, directeur général adjoint de la FIPOE*, a mis toutes ses énergies à former la coalition syndicale regroupant les électriciens, les tuyauteurs, les chaudronniers et les mécaniciens de chantier.

Ce soutien mutuel a été renouvelé en février 2002, alors qu'un groupe de travail présidé par Réal Mireault a été mis sur pied pour analyser la question de l'assujettissement des travaux sur la machinerie de production au régime de la Loi sur les relations du travail, la formation professionnelle et la gestion de la main-d'œuvre dans l'industrie de la construction, communément appelée R-20.

Ce dossier, faut-il le rappeler, est intimement lié à celui du travail au noir : « Ce n'est pas vrai, dit Jean Lavallée en 1997, que le gouvernement va laisser des profiteurs s'abreuver au travail au noir, au "free-for-all", à des employeurs qui jouent avec l'emploi, les vacances, les salaires, les assurances et la retraite de trop de salariés condamnés à un état de dépendance, sans protection. » (FIPOE, octobre 1998)

Qui plus est, ce sont les services syndicaux de placement qui fournissent la main-d'œuvre, souvent très spécialisée, mais dès lors, celle-ci est payée à taux réduits et est soustraite des avantages sociaux. Au bas mot, ce sont quelque 15 millions d'heures travaillées qui échappent ainsi à la réglementation.

On comprendra également que le dossier de la machinerie de production, s'il est relié à celui du travail au noir, a des liens avec celui de la santé et de la sécurité du travail lors des travaux de construction dans les différents secteurs. Un employeur qui a complète liberté quant aux conditions de travail peut réussir à se soustraire à l'obligation de conditions sécuritaires.

Le 19 août 2002, le rapport Mireault était déposé, recommandant un assujettissement partiel des travaux sur la machinerie de production. Un règlement allant dans ce sens a par la suite été promulgué en février 2003. Des contestations de ce règlement ont été portées devant les tribunaux et ont conduit à un rétrécissement tel du champ d'application du rapport qu'au bout du compte, en 2008, on retournait à la case zéro.

Les syndicats ne lâcheront pas la serviette et, comme on le verra un peu plus loin, le dossier rebondira rapidement dans l'actualité.

* La FIPOE compte deux directeurs généraux adjoints à compter de l'année 2000 : Jacques Labonté, pour le secteur de la construction, et Pierre Morin, pour le secteur industriel.

Le dossier a été soumis à un conseil d'arbitrage formé de Pierre N. Dufresne, Jean-Paul Rivard et Jean Sexton. Un an plus tard, une entente sera conclue.

À son huitième congrès, à l'automne 1997, la FIPOE met l'accent sur la santé et la sécurité du travail, la lutte au travail au noir et la machinerie de production.

Formation du Conseil conjoint de la construction

Un événement d'importance vient modifier pendant ce temps les relations de travail dans l'industrie de la construction : l'unification des forces de la FTQ-Construction et du Conseil provincial au sein du Conseil conjoint de la construction. C'est la Loi modifiant diverses dispositions législatives relatives au bâtiment et à l'industrie de la construction qui en fait, le 25 mai 1999, une association officielle. Le Conseil conjoint représente alors 72 % de l'ensemble des travailleurs et des travailleuses de la construction. Pour Jean Lavallée, c'est là

> un événement heureux et historique qui donnera des assises solides à nos revendications, à la négociation de nos conditions de travail, à une meilleure prévention de notre santé-sécurité sur les chantiers, à la réalisation de nos projets, à de meilleurs services aux membres. […] La FIPOE a donné un coup de main efficace à cette entente aux retombées positives à court, moyen et long terme, pour tous les travailleurs actuels et futurs de l'industrie de la construction.

Et pour le nouveau directeur général de la FTQ-Construction, Jocelyn Dupuis, un grutier de métier qui vient de succéder à Yves Paré, l'objectif est la formation d'une seule section locale par métier, spécialité et occupation, afin de former une association syndicale majoritaire au sein de l'industrie de la construction.

Jusqu'à sa dissolution en 2006, c'est le Conseil conjoint qui conduira les négociations.

Des pylônes qui s'effondrent comme un jeu de cartes. Photothèque FTQ, Serge Jongué.

Le monde de l'électricité au Québec

Après l'aménagement du barrage de la Sainte-Marguerite, le projet Grande-Baleine occupe l'avant-scène du développement hydroélectrique au Québec. Initiée par les Cris du Nord du Québec, la contestation du projet est telle que le 18 novembre 1994, le nouveau premier ministre péquiste, Jacques Parizeau, annonce l'annulation du projet.

Après la création de la Régie de l'énergie du Québec, chargée de l'encadrement réglementaire du transport et de la distribution de l'énergie, le marché de l'électricité s'ouvre à la concurrence, particulièrement sur les marchés américains. Puis on assiste à la création des divisions Hydro-Québec-Production et Hydro-Québec-Distribution.

Entre-temps, en 1998, le Québec est frappé par la grande crise du verglas, ce qui obligera le Québec à renforcer son réseau pour contrer de tels accidents de la nature.

Au début des années 2000, la « paix des Braves » consacre une entente entre les Cris de la Baie-James et le gouvernement du Québec, entente qui ouvre la voie à l'aménagement des centrales d'Eastmain. Un autre grand projet voit le jour au début des années 2010, celui de La Romaine, au nord de Havre-Saint-Pierre.

À chaque annonce de projet, plusieurs oppositions se manifestent, allant des groupes de défense des droits des autochtones jusqu'aux organisations environnementales, en passant par les batailles syndicales visant à protéger les travailleurs locaux et régionaux ainsi que leurs conditions de travail.

Les phases de développement succèdent aux phases de crise…

Aujourd'hui, Hydro-Québec compte plus de 60 centrales hydroélectriques et constitue l'un des principaux producteurs d'hydroélectricité au monde.

Vue d'ensemble du chantier La Romaine-3. © Photo Hydro-Québec.

La rivière La Romaine, le 12 mai 2012. Photothèque FTQ, Jean Lavandière.

Automne 1997 : la FIPOE fête ses 25 ans

À 25 ans, la FIPOE est non seulement « majeure et vaccinée », mais elle peut se targuer d'avoir été un acteur incontournable dans l'histoire de la FTQ-Construction. Ceux qui célèbrent son 25e n'économisent pas leurs compliments…

Pour Yves Paré, directeur général de la FTQ-Construction, la FIPOE « a toujours été à l'avant-garde du syndicalisme dans l'industrie de la construction au Québec. La FIPOE aura été de toutes les luttes auxquelles le mouvement syndical de la construction a été confronté ».

« Ce qui fait la force de la FIPOE, écrit son président André Farly, c'est la participation active de tous. [Et] les problèmes que nous traversons […], nous les résoudrons en nous y attaquant encore, tous ensemble, solidaires dans nos milieux de travail, sur le plan social ainsi que politique. C'est la base essentielle. […] »

Un syndicat visionnaire

Ensemble, Clément Godbout et Henri Massé, alors président et secrétaire général de la FTQ, rendent hommage à la FIPOE :

« Votre syndicat a été visionnaire puisqu'il a vu, avant d'autres, qu'il était en train de se passer quelque chose au Québec. Vous avez décidé qu'il fallait, comme syndicat représentant des membres québécois, être respecté et appartenir à une organisation qui réponde à vos aspirations collectives, syndicales, sociales et politiques. Vous avez donc été un exemple qui a forcé plusieurs autres syndicats, dans les années qui ont suivi, à mieux reconnaître les réalités québécoises. […]

Chaque fois que la FTQ entreprenait des actions de soutien et de solidarité et qu'elle faisait appel aux syndicats affiliés, nous savions que l'appui de la FIPOE nous était acquis. Nous savions que nous pouvions compter sur votre présence nombreuse dans des actions de piquetage, dans les manifestations, et ce, dans toutes les régions du Québec. […]

Les acquis des 25 dernières années sont garants de votre réussite future, de votre capacité à faire face, chez vous et avec nous à l'intérieur de la FTQ, aux nombreux défis qui nous attendent en ce tournant de siècle. »

« Nous sommes prêts à entrer dans le 21e siècle. » C'est par ces mots que Jean Lavallée, directeur général et secrétaire financier de la FIPOE, souligne le 25e anniversaire de l'organisation qu'il a aidé à mettre sur pied. Son témoignage, comme l'expriment les extraits suivants, résume bien les premières années de la FIPOE.

« Rappelons-nous qu'il y a plus d'un quart de siècle, les malaises devenaient de plus en plus profonds chez les électriciens québécois qui contestaient ouvertement l'attitude des Building Trades à domination américaine fort autoritaire.

De nombreux hommes se sont levés, des électriciens de métier, œuvrant sur les chantiers. Avec l'aide de représentants, ils ont mis sur pied, au Québec, une organisation solide, démocratique et proche de ses membres. Cette organisation, c'est aujourd'hui la FIPOE, fondée en 1972.

Notre premier directeur général a été Roland Fiset, un homme de caractère et un homme de cœur qui a piloté notre association durant une période particulièrement difficile. Le mouvement syndical, en pleine évolution, était attaqué de toutes parts, mais les travailleurs de la construction avaient des droits à défendre : leur emploi, leur santé-sécurité, leur droit d'association, la dignité sur les chantiers.

Tout au long des années, la FIPOE a créé sa place au Québec et fait sentir sa présence partout où l'exigeait l'intérêt de ses membres.

Nous avons toujours eu l'appui de la FTQ et de ses dirigeants. Nous avons été un rouage important de la mise sur pied de notre centrale syndicale québécoise dans le secteur de la construction, la FTQ-Construction, fondée en 1980. Et nous avons établi notre secteur industriel.

L'éventail de notre présence active et de nos actions est impressionnant : FTQ, FTQ-Construction, CCQ, CSST, santé-sécurité, formation professionnelle, visites des chantiers, commission Picard-Sexton, négociations, Fonds de solidarité, avantages sociaux, contacts réguliers avec les ministères, formation et information syndicales, arrivée des monteurs de lignes à la FIPOE et intégration des installateurs de systèmes de sécurité.

Oui, la FIPOE a une belle histoire. Nous sommes prêts à entrer dans le 21e siècle. Avec nos convictions, nos projets et notre fierté. »

Laissons le mot de la fin à Louis Laberge :

25 ans, que ça passe vite ! Que de souvenirs ça me rappelle !

« Je me souviens de tous les gens qui militaient à ce moment-là, tels Roland Fiset, Henri Gagnon, les Jean Lavallée, Guy Perreault, Claude Proteau, Léonard Whittom, Pierre Lecompte et tous les autres qui ont travaillé tellement fort pour arriver à mettre sur pied la FIPOE. Si cela s'est fait assez facilement, c'est que tous ces gens-là étaient tellement déterminés que, malgré les menaces et le harcèlement, tout s'est bien passé.

Je peux dire aujourd'hui que la FTQ-Construction n'aurait probablement jamais vu le jour si cela n'avait été de la FIPOE, avec l'aide des opérateurs d'équipements lourds, particulièrement d'Yves Paré et de tous les autres officiers, de même que des charpentiers-menuisiers et de plusieurs autres syndicats de la construction. [...]

Je peux dire, sans risque de me tromper, que si ça n'avait été du support de la FIPOE et de la FTQ-Construction et de tous leurs officiers et militants, la FTQ ne serait pas devenue ce qu'elle est aujourd'hui.

Au président, André Farly, à tous les officiers, aux délégués de chantier, à l'équipe du bureau qui a fait un travail sensationnel, félicitations et continuez votre bon travail parce que plus que jamais nos membres et la FTQ ont besoin de vous. »

Louis Laberge

CHAPITRE 12

À l'aube du nouveau millénaire, brouillard à l'horizon

PLEINES DE REBONDISSEMENTS, les années 2000 marquent une période où se multiplient les tentatives pour affaiblir la présence de la FTQ-Construction sur la scène syndicale. Les tentatives fusent de toutes parts : des organisations syndicales rivales, du gouvernement, des médias.

Oubliant leurs dissensions internes, les autres organisations syndicales présentes dans l'industrie de la construction se liguent pour tenter d'exclure complètement la FTQ-Construction de deux rondes de négociations.

En ce qui concerne le gouvernement, la ministre libérale du Travail, Lise Thériault, mène une offensive sans égal contre la FTQ-Construction : mise sur pied d'un comité de travail sur le fonctionnement de l'industrie où siègent des représentants de la CSN mais non de la FTQ, projet de loi abolissant le placement syndical, instauration du vote d'allégeance syndicale par la poste et appel public à ne pas voter FTQ.

La cerise sur le sundae viendra un peu plus tard, avec les audiences de la commission Charbonneau, mise sur pied, supposément, pour faire la lumière sur l'octroi et la gestion des contrats publics dans l'industrie de la construction, en lien avec le financement des partis politiques. La commission passera davantage de temps à dénigrer la FTQ, la FTQ-Construction et le Fonds de solidarité qu'à remplir le mandat qui lui a été donné.

Sur le plan médiatique, la tempête qui s'abat sur la FTQ-Construction et la FTQ en général a débuté dès les premiers mois de 2009. Allégations contre certains dirigeants, rumeurs non fondées, insinuations, mises en scène, écoutes électroniques, rien ne sera négligé pour salir, non seulement quelques réputations individuelles, mais celle de l'ensemble des syndicats affiliés à la FTQ-Construction, qui s'en ressentiront durement, au prix d'une crise interne qui finira heureusement par être colmatée.

Il ne s'agit pas de nier ici les liens pour le moins répréhensibles noués entre quelques dirigeants syndicaux et des personnes liées au crime organisé. Si le système judiciaire peut disposer du sort des uns, il revient à l'exercice de la démocratie syndicale de disposer du sort des autres. Mais il est important de voir qu'à chaque occasion qui leur est donnée, les antisyndicaux – et leurs tentacules dans les milieux politiques, médiatiques et gouvernementaux – sautent dans l'arène et se jettent sur la proie à la vitesse « grand V ». Avec, pour conséquence, un affaiblissement certain des organisations syndicales. Pendant ce temps, l'image des entrepreneurs véreux, des petits amis politiques et autres personnages corrompus est à peine ternie…

Dissolution du Conseil conjoint et négociations

Jusqu'en 2005, il était impossible pour les autres organisations rivales de tenter d'exclure la FTQ-Construction.

Comme on l'a vu plus tôt, c'est le Conseil conjoint, formé en 1999 de la FTQ-Construction et du Conseil provincial, qui est devenu l'association représentative des salariés aux tables de négociation.

Les deux premières rondes de la décennie 2000 se déroulent donc relativement bien, même si, comme c'est l'usage, on va chercher des mandats de grève pour être prêts à faire face, le cas échéant, à l'intransigeance patronale. Pour la première fois en 40 ans, le secteur résidentiel réussit à obtenir une entente négociée entre les parties lors de la négociation de 2001. En 2004, l'un des points majeurs sera la négociation d'une réforme du régime de retraite qu'on assure désormais de pérennité. L'année 2004, c'est aussi celle où, pour la première fois dans l'histoire des négociations, une convention collective est conclue avant même son échéance, avec des gains significatifs : réduction des heures dans le génie civil, amélioration dans les conditions d'obtention des congés sur les chantiers éloignés, bonification des frais de déplacement, accroissement des salaires, création d'un fonds d'éducation syndicale…

Pour le Conseil conjoint, cette négociation marque pourtant la fin d'une alliance qui aura été de bien courte durée. Les syndicats de la FTQ et ceux du Conseil provincial n'arrivent pas à bien s'entendre et force est de constater que le Conseil conjoint ne peut survivre. Au nom de la FIPOE, Jean Lavallée se désolera de cette dissolution. « Le bilan n'était pas négatif, dit-il. Nous étions l'association la plus représentative et, enfin, nous pouvions négocier pour de vrai les conventions collectives, pour tous les métiers et occupations. Et après six ans d'existence, nous avions fait bouger des choses. » (FIPOE, décembre 2004)

À la suite de l'annonce, au début de 2005, de la dissolution du Conseil conjoint, le gouvernement présente le projet de loi 116 afin de reconnaître à nouveau la FTQ-Construction et le Conseil provincial comme associations représentatives distinctes. Présenté trop tardivement lors de la session parlementaire du printemps, ce projet de loi sera adopté l'automne suivant, au sein du projet de loi 135.

Le projet de loi 135 a donc vu le jour à l'automne 2005, à la suite de la Commission d'enquête sur les dépassements de coûts et de délais sur le chantier de la Gaspésia de Chandler. Il vise à accroître la portée de l'interdiction de l'intimidation et de la discrimination syndicale sur les chantiers et dans le placement de la main-d'œuvre. L'existence de problèmes sur un tout petit chantier est un bon prétexte pour s'en prendre à l'ensemble des syndicats de la FTQ-Construction plutôt qu'à la gestion pourrie du maître d'œuvre du projet. La FIPOE et les autres syndicats de la FTQ-Construction n'auront même pas la possibilité de se faire entendre lors des audiences publiques afin de mettre en lumière les véritables causes de l'échec du projet de la Gaspésia, ni de déposer la documentation pertinente, ni de contre-interroger les témoins...

Mais la FTQ-Construction est « faite forte ». Après la dissolution du Conseil conjoint, elle poursuit son objectif de devenir l'association la plus représentative dans l'industrie de la construction. Comme première action, elle entend se doter d'un service d'éducation syndicale ayant pour but de mieux former les représentants syndicaux, les membres des comités exécutifs, les délégués et les membres en général. Diverses personnes sont nommées pour prendre en charge les services d'éducation, de santé et de sécurité au travail, de sécurité du revenu (avantages sociaux, régimes de retraite, assurance emploi), de formation et de qualification professionnelles.

Lors du vote d'adhésion de juin 2006, aucune association ne ressort avec 50 % et plus de représentativité, tant et si bien que légalement, il faudra l'alliance de plusieurs organisations pour accéder au rôle d'agent syndical reconnu à la table de négociation.

C'est là que le Conseil provincial, la CSN et la CSD décident de constituer ce qu'on appellera « l'alliance syndicale » et d'exclure la FTQ-Construction. Le Syndicat québécois de la construction, invité à participer à l'alliance, refuse en disant qu'il est favorable à une alliance de toutes les organisations.

La négociation de 2006 s'est déroulée la plupart du temps en comité restreint, sous prétexte d'accélérer la négociation. Si les associations non reconnues à la négociation ont le droit normalement d'assister aux séances de négociation à titre d'observateur, elles n'ont pas ce privilège au sein du comité restreint. La négociation se déroule ainsi en vase clos, à l'abri du regard de la FTQ-Construction.

Mobilité de la main-d'œuvre : l'Alberta entre en scène

Au cours de 2006, à la suite de l'importante croissance de la production de pétrole extrait des sables bitumineux, l'Alberta connaît une forte demande pour des ouvriers spécialisés, qui pourra être en partie satisfaite grâce à l'entente sur la mobilité de la main-d'œuvre. L'entreprise Gastier Électrique obtient un contrat d'envergure et la FIPOE donne tout son appui pour qu'une entreprise électrique obtienne un contrat de plusieurs millions de dollars pour le projet d'Albian Sands (Shell). D'autres contrats sont alors en voie d'aboutir et ce sont quelque 400 électriciens québécois qui sont appelés à travailler en Alberta.

Deux ans plus tard, un nouveau chantier s'est ajouté, celui du projet Horizon, et ce sont plus de 900 électriciens et apprentis-électriciens du Québec qui prennent la route vers l'Alberta.

L'industrie de la construction à l'abri de la crise économique…

« Avec 132 millions d'heures travaillées […], écrit Jean-Lavallée, l'année 2008 nous aura permis d'atteindre un sommet inégalé depuis 30 ans. On aurait pu croire que pareille situation était un accident de parcours et qu'avec la récession à l'horizon, les choses se dégraderaient. […] la CCQ prévoit que la même quantité d'heures sera effectuée sur nos chantiers en 2009. Et on prévoit que cette vigueur ne diminuera pas d'ici 2012.

Si l'adage populaire "quand le bâtiment va, tout va" est un peu simpliste, on doit admettre qu'au Québec, notre industrie joue un fer de lance. Elle soulagera en tout cas nos concitoyens des pires effets de la présente crise. » (*FIPOE*, décembre 2008)

Des ententes seront signées dans tous les secteurs. « Le bilan est désolant », diront les porte-parole de la FTQ-Construction.

> Pour le mouvement syndical, écrit Jean Lavallée, la journée de 10 heures, l'éclatement des horaires de travail, les pertes que nous devrons assumer en frais de transport, en assurance et en retraite, nous ramènent en arrière. Ces pertes placent déjà la partie syndicale en mauvaise position lors de la prochaine ronde de négociations, puisqu'il faudra d'abord faire du rattrapage. (*FIPOE*, juillet 2007)

Malgré la crise économique et financière qui sévit en 2008 et en 2009 à peu près partout, l'industrie de la construction demeure prospère au Québec.

La bonne santé de l'industrie de la construction au Québec peut laisser présager qu'une part du gâteau reviendra aux salariés lors des prochaines négociations, sous la forme d'une amélioration de leurs conditions de travail.

À l'été 2010, en prévision de ces négociations, l'alliance syndicale CSN-CSD-Conseil provincial se reconstitue, avec l'ajout du Syndicat québécois de la construction, qui accepte cette fois-ci d'en faire partie. L'alliance demande toutefois à certains

Machinerie de production : à nouveau sur la sellette

On se souvient qu'à la suite de contestations devant les tribunaux du règlement adopté en février 2003 sur l'intégration partielle des travaux de machinerie de production à la loi R-20, on est retourné au point zéro.

À l'été 2009, sous la pression syndicale, le ministre libéral du Travail du temps, David Whissell, met sur pied un autre groupe de travail sur la machinerie de production, présidé par Jean Sexton. Il pose toutefois une condition : le groupe de travail devra en arriver à un consensus de l'ensemble des parties, ce qui est pratiquement impossible. Le rapport, déposé en février 2010, n'a pu faire de consensus : le problème demeure entier.

Dans ce contexte, le nouveau ministre du Travail, Sam Hamad, décide aussitôt de mettre sur pied un troisième groupe de travail, présidé à nouveau par Réal Mireault, dont le mandat est notamment de trouver de nouvelles solutions acceptables par les parties, à la lumière des résultats des groupes de travail précédents ainsi que des décisions des tribunaux.

Le rapport est remis au ministre Hamad le 26 février 2010. Il propose des recommandations qui, si elles font un consensus syndical-patronal au sein de l'industrie de la construction, rencontrent à nouveau l'objection vigoureuse des chambres de commerce, des associations de manufacturiers et du Conseil du patronat.

Nommé ministre des Transports le 11 août 2010, Sam Hamad cède sa place à Lise Thériault à qui le premier ministre confie le dossier pour mieux le tabletter.

Au moment de la publication de ce livre, les dossiers de la machinerie de production, de l'amélioration du régime de santé et de sécurité du travail et de la lutte au travail au noir sont toujours d'actualité.

syndicats affiliés à la FTQ-Construction d'être présents à la table de négociation, parce qu'ils représentent 65 % ou plus des membres d'un métier particulier. S'ils acceptent cette offre, toutefois, ils n'auront que le statut « d'invités », sans pouvoir participer véritablement aux décisions. L'alliance entend exclure la FTQ-Construction comme organisation, invoquant la mauvaise réputation de cette dernière dans les médias, et croit qu'elle pourra arriver à une entente sans son aide.

La FTQ-Construction décide de laisser le libre choix à ses syndicats affiliés de participer ou non à la table de négociation, mais elle est convaincue que sans son aide, la situation ira droit dans un cul-de-sac. C'est pourquoi elle plaidera en faveur de son intégration au sein de l'alliance syndicale. Après plusieurs discussions et pressions effectuées par certains syndicats locaux, cette dernière décide finalement d'intégrer la FTQ-Construction au sein de la structure de négociation.

La bonne entente, au sein de l'alliance, est fragile, mais les parties en arrivent finalement à la conclusion d'une entente le 28 août 2010, que signera la FTQ-Construction sans plus d'enthousiasme.

Quelques jours auparavant, le 2 août, un nouveau groupe de travail sur la machinerie de production produisait un rapport contenant plusieurs recommandations positives quant à l'assujettissement des travaux à la loi.

L'année 2010, c'est aussi celle du départ de Jean Lavallée, qui souligne alors sa fierté d'avoir gravi les échelons au sein de la FIPOE. « C'est une organisation d'avant-garde, écrit-il, qui s'est imposée comme le fer de lance du syndicalisme et est devenue une force incontournable… Je pars tranquille parce que je sais que mon successeur, Arnold Guérin, les membres de l'exécutif, toute l'équipe de permanents et nos milliers de militants et militantes vont continuer à la faire progresser… » Comme nous le voyons ci-dessous, la contribution de Jean Lavallée à la construction de la FIPOE est vivement soulignée lors du 40e anniversaire de cette dernière.

LES 40 ANS DE LA FIPOE... soulignent le départ de Jean Lavallée

Le 3 novembre 2012, plus de 700 personnes sont conviées au 40e anniversaire de la FIPOE. Provenant de toutes les unités et de toutes les régions du Québec, ils sont directeurs, représentants et présidents de syndicats, travailleurs et travailleuses des bureaux régionaux, militants et militantes... Parmi les invités : Yves Ouellet, directeur général de la FTQ-Construction, Clément Godbout et Henri Massé, ex-présidents de la FTQ. Des obligations les empêchant d'être sur place, l'ex-secrétaire général de la FTQ, Fernand Daoust, adresse un message aux participants, de même que Michel Arsenault, alors président de la FTQ.

Jean Lavallée, Photothèque FTQ, Serge Jongué.

Ces 40 ans sont aussi l'occasion de souligner le départ à la retraite de Jean Lavallée. Après quelque 50 années de militantisme, Jean Lavallée est accueilli avec tous les hommages que se méritent les pionniers de la FIPOE, même après les événements qui ont entaché sa réputation. Ils reconnaissent en lui un homme indéfectible, qui n'a jamais compté ses heures, qui a mis toute l'énergie dont il était capable à la construction de la FIPOE et de la FTQ-Construction.

Les deux extraits suivants sont tirés des hommages rendus respectivement par Arnold Guérin[17], le nouveau dirigeant de la FIPOE, et Michel Arsenault, au cours de la soirée.

Traverser le temps...

« Cher Jean,

Il est de ces personnes qui traversent le temps et qui réussissent à contourner les obstacles et à braver les intempéries sans jamais baisser les bras. Jean Lavallée, tu es de celles-là. [...]

Presque un demi-siècle passé dans le monde merveilleux de la construction, à se donner corps et âme pour que les travailleurs et les travailleuses réussissent à améliorer leur sort, à la sueur de leurs bras et de leur front, bien sûr, mais aussi à force de luttes exemplaires pour défendre leurs droits et pour satisfaire leurs revendications légitimes.

Jean est de ceux qui ont porté avec détermination le drapeau de ces batailles et tous ensemble, jeunes et moins jeunes, nous lui devons une fière chandelle.

Il n'a jamais cessé de donner son cœur et ses énergies à la vie de la grande famille de la FTQ. Merci pour toutes ces années de dévouement et d'engagement. [...]

17. Arnold Guérin a commencé son travail de représentant syndical pour l'unité du Saguenay–Lac-Saint-Jean en 1987.

Sa plus grande fierté est d'avoir su gagner la confiance des délégués et des membres de la FIPOE et de la FTQ-Construction durant toutes ces années et de les avoir représentés au meilleur de ses connaissances, dans les bons et les mauvais moments.

La FTQ-Construction en a traversé, des tempêtes et des négociations difficiles. Collectivement, les travailleurs et les travailleuses de la construction se sont donné des conditions de travail, des régimes de retraite et des milieux de travail qui n'ont rien à voir avec ce qui prévaut encore ailleurs. C'est en bonne partie à des bâtisseurs comme Jean Lavallée qu'on doit toutes ces avancées.

Outre la mise sur pied d'un fonds de formation de plus de 150 M $ pour l'industrie de la construction, d'un fonds pour l'alcoolisme et autres toxicomanies*, il a contribué activement à la création du premier régime de retraite et d'avantages sociaux pour les travailleurs et les travailleuses de la construction.

On parle rarement de ces initiatives dans les médias et pourtant ce sont des pas importants accomplis pour donner aux travailleurs et aux travailleuses des conditions de travail décentes et la fierté de travailler dans cette industrie qui bâtit le Québec d'aujourd'hui.

Son héritage

Il lègue au monde syndical l'idée de resserrer les rangs et de ne jamais lâcher parce que les principes et les valeurs pour lesquels on se bat valent la peine qu'on y consacre nos énergies.

Lorsqu'il est parti en 2010, il nous a laissé une organisation en santé. Aujourd'hui, à la FIPOE comme à la FTQ-Construction, nous pouvons nous réjouir des pas accomplis et envisager l'avenir avec optimisme.

En jugeant l'arbre à ses fruits, nous pouvons dire "mission accomplie". Mission accomplie, oui, mais pas terminée. Nous avons encore beaucoup de pain sur la planche et comme il nous en a donné l'habitude, nous nous serrons les coudes, et nous réussissons à faire encore de notre mieux pour améliorer nos conditions de vie et de travail.

Ce soir, nous désirons tout simplement te souhaiter une excellente retraite bien méritée, avec ta conjointe, Nicole, qui t'a épaulé tout au long de ces années. Profite au maximum du temps à venir et continue de penser à nous, de temps en temps, mais surtout sois heureux.

Merci Johnny ! »

Arnold Guérin, 3 novembre 2012

* Le comité d'aide de la FIPOE s'est doté, en 1989, du programme intitulé *Objectif mieux-être*, afin de venir en aide aux collègues aux prises avec des problèmes d'ordre personnel, comme l'alcoolisme et les autres toxicomanies, les problèmes familiaux ou de santé mentale.

Un grand bâtisseur

« En 1961, personne ne se doutait que Jean Lavallée allait non seulement changer le monde des électriciens du Québec, au sein de la FIPOE, mais qu'il allait devenir le bâtisseur de la grande FTQ-Construction, dont il a été le président fondateur. [...]

[...] Jean Lavallée n'a jamais ménagé l'huile de bras et c'est grâce à des gars comme lui que les électriciens et les électriciennes du Québec peuvent compter sur un syndicat fort, autonome, démocratique, dont les membres, avec leurs compétences, leurs qualifications et leur professionnalisme, font l'envie ailleurs dans le monde. [...]

Personne ne saurait parler des grandes rondes de négociations dans le secteur de la construction et de la syndicalisation mur à mur sans prononcer le nom de Jean Lavallée. [...]

C'est grâce à leur force regroupée au sein d'une organisation syndicale forte que les travailleurs et les travailleuses en électricité ont été capables de développer une force de travail hautement qualifiée. Ces métiers, on les apprend en côtoyant les autres, en se préoccupant de la santé et de la sécurité du travail, en discutant avec les délégués syndicaux et en se réunissant démocratiquement pour affronter les problèmes et négocier les conditions de travail.

Si le Québec peut se targuer aujourd'hui d'avoir développé comme nulle part ailleurs l'hydroélectricité, avec ses barrages majestueux, si les grandes villes du Québec étincellent à la lumière des néons, si nos routes pleines de nids-de-poule sont néanmoins bien éclairées, et si les usines et les entreprises tournent à de telles capacités, c'est grâce à ce travail collectif que Jean Lavallée a réussi à regrouper au sein de votre organisation.

BRAVO, Jean. Bravo également pour ton travail de bâtisseur, qui s'est déployé dans plusieurs horizons. […] Vraiment, tu n'as jamais compté ton temps et c'est au nom de l'ensemble de la FTQ que je te dis MERCI, merci infiniment !

Michel Arsenault, 3 novembre 2012

« Charest en mode attaque »

« Alors que la collusion et la corruption dont se rendraient coupables les patrons de l'industrie de la construction occupent les esprits, le gouvernement Charest vient de braquer les projecteurs sur les simples travailleurs avec le dépôt du projet de loi 33 qui met fin au placement syndical de la main-d'œuvre. [...]

Si Jean Charest joue des mécaniques devant les syndicats, c'est qu'il y trouve un avantage immédiat. Il sait que les syndicats de la construction ont mauvaise presse et que la FTQ-Construction [...] est affaiblie. Quoi de mieux qu'un affrontement entre le gouvernement et les syndicats pour faire diversion. [...]

Le projet de loi 33, un texte juridique complexe qui fait 34 pages et 94 articles, a été déposé un mois après que la ministre l'eut reçu. Le projet de loi a franchi toutes les étapes à une vitesse suspecte qui laisse croire qu'il était prêt avant le dépôt du rapport Gauthier le 30 août. »

8 octobre 2011 – Robert Dutrisac – *Le Devoir*

L'offensive gouvernementale

Aussitôt arrivée en poste, Lise Thériault ne se limite pas à tabletter le rapport Mireault sur la machinerie de production. Elle est envoyée au front, officiellement, pour piloter le dossier de l'abolition du placement syndical dans le secteur de la construction. Mais derrière ce pilotage, un objectif bien précis est poursuivi : celui de diminuer la force que représente la FTQ-Construction sur l'échiquier des relations de travail dans l'industrie de la construction.

Juste avant l'été 2011, elle met sur pied un groupe de travail « sur le fonctionnement de l'industrie de la construction ». Parmi les cinq membres du comité, deux viennent de la CSN. Mais les deux organisations les plus représentatives, la FTQ-Construction et le Conseil provincial, sont complètement ignorées, de même que la CSD-Construction et le Syndicat de la construction du Québec (SQC). Le rapport du comité est publié le 12 septembre 2011. Il est à peine sorti de l'imprimerie que la ministre Thériault annonce qu'elle reprendra dans un projet de loi « l'intégralité des recommandations du rapport », sans se formaliser de la consultation publique à venir.

« Notre gouvernement amorce un véritable changement dans l'industrie de la construction qui marque le début d'une ère nouvelle dans les relations du travail », annonce la ministre du Travail dans un communiqué du 12 septembre. L'objectif : éliminer le placement syndical et mettre au pas les organisations syndicales jugées trop puissantes, des organisations pourtant choisies librement et démocratiquement par les travailleurs et les travailleuses.

Le projet de loi est abject et longuement décrié par la FTQ-Construction[18]. Pour elle, le rapport ignore complètement les vrais problèmes que sont la corruption, la collusion et le travail au noir, dont la gravité mine l'image et le fonctionnement de l'industrie.

Le projet de loi est adopté à l'unanimité par l'Assemblée nationale le 2 décembre 2011.

L'enjeu du placement syndical

Si, pour certains, la loi éliminant le placement syndical de la main-d'œuvre dans l'industrie de la construction représente une avancée dans les relations de travail, elle signifie pour plusieurs la fin d'une activité séculaire, vieille de plusieurs siècles.

Lors de la création des premiers syndicats de métiers, ceux-ci intègrent les missions légendaires de ces sociétés de confrérie et de compagnonnage et se donnent comme objectif de veiller à ce que chacun

18. Mémoire conjoint de la Fédération des travailleurs et travailleuses du Québec (FTQ) et de la FTQ-Construction présenté à la Commission de l'économie et du travail sur le projet de loi n° 33 – Loi éliminant le placement syndical et visant l'amélioration du fonctionnement de l'industrie de la construction, octobre 2011. Voir le site Internet de la FTQ. Le projet de loi a également fait l'objet de critiques de la part de spécialistes en relations de travail comme Jean Sexton (Relations industrielles, Université Laval) et des ex-ministres du Travail Jean Cournoyer et Matthias Rioux.

Le projet de loi 33 : une loi contre la FTQ-Construction

« C'est une attaque en règle, écrit Arnold Guérin. Quand on enlève les pouvoirs de la FTQ-Construction, en diminuant le nombre de ses représentants siégeant aux différents comités de la CCQ, on veut lui enlever le pouvoir de défendre et d'améliorer les conditions de travail. C'est ce que fait la loi 33.

Quand on met sur le même pied d'égalité une organisation représentant 13 200 membres, comme le Syndicat québécois de la construction, et une organisation qui en représente 73 500, comme la FTQ-Construction, on veut ligoter le pouvoir de l'organisation la plus nombreuse. C'est ce que fait la loi 33.

Quand on donne à la CCQ la gestion des fonds de formation créés en grande partie à l'initiative de la FTQ-Construction, on veut diminuer son influence. C'est ce que fait la loi 33.

Et surtout, quand on voit la ministre Lise Thériault s'ingérer dans le processus du maraudage, on sait qu'elle invite les travailleurs et les travailleuses de la construction à voter contre la FTQ-Construction. C'est inadmissible.

La FTQ-Construction est la SEULE organisation à être allée en commission parlementaire pour proposer des solutions concrètes afin d'améliorer les choses, pendant que la CSD-Construction, la CSN-Construction et le SQC appuyaient le projet de loi. »

Arnold Guérin dénonce aussi le fait que la ministre envisage de publier les états financiers des syndicats sur le site Internet du Ministère et qu'elle veut enlever aux syndicats le pouvoir de vérifier si les travailleurs embauchés travaillent au noir.

Il se dit aussi scandalisé de voir une organisation comme la CSN se mettre à plat ventre devant le gouvernement libéral de Jean Charest, néolibéral et antisyndical. « C'est le même gouvernement qui privatise les services publics, qui décrète des lois spéciales contre ses employés, qui s'agenouille devant les grandes minières, qui impose une contribution santé, qui hausse les frais de scolarité, qui augmente les tarifs [...]. »

(*FIPOE*, hiver 2011 et été 2012)

Retour au Moyen-Âge

Pour retourner aux sources du placement syndical, il faut retourner au Moyen-Âge et à l'histoire, dans différents pays, des confréries, du compagnonnage et des sociétés amicales, des corporations et des guildes, ou encore de la franc-maçonnerie. Les ouvriers des différents métiers, dont ceux du bâtiment, se regroupent alors pour défendre leurs intérêts, sur tous les plans.

Ces communautés s'occupent des intérêts individuels de leurs membres – dont certains tombent malades ou deviennent invalides –, de leur formation et de leur entrée sur le marché du travail. Elles veillent également à leurs droits collectifs et organisent les liens qui se tissent dans la hiérarchie du travail (apprenti, compagnon, maître, par exemple).

À côté des regroupements par métiers, d'autres sont mis sur pied sur la base des croyances religieuses et d'autres encore vivent dans la clandestinité. Tous ont pour mission l'entraide, la protection et l'éducation de leurs membres. Plusieurs de ces regroupements sont devenus caducs avec la création des syndicats ouvriers, mais il existe encore aujourd'hui des organisations se réclamant du compagnonnage.

de leurs membres trouve chaussure à son pied sur le marché du travail. Ils dressent des listes détaillant leur expérience et leurs compétences, proposent leur candidature aux employeurs à la recherche de salariés, jusqu'à introduire l'atelier fermé, faisant de l'appartenance à un syndicat une condition préalable à l'embauche.

Les premiers syndicats de métiers organisés au Québec, principalement avec l'aide des syndicats internationaux de leur voisin du sud, portent pour ainsi dire dans leurs gènes l'ADN de ces missions.

Aussi ne doit-on pas être étonné de voir ces syndicats tenter d'étendre le plus possible le principe de l'atelier fermé. Les rivalités intersyndicales s'enveniment à un point où le législateur décide d'encadrer plus étroitement les règles régissant le placement et l'embauche dans l'industrie du bâtiment. On a vu plus tôt la multitude de projets de loi et de mesures législatives qui ont été adoptés à ce sujet par les divers gouvernements.

On peut comprendre aisément que les syndicats de métiers se soient levés comme un seul homme, chaque fois qu'on a voulu s'en prendre à ce rôle séculaire du placement de leurs membres.

Droit debout

Reportons-nous en 1968, alors que le bill 290 veut purement et simplement abolir les bureaux syndicaux de placement. Les syndicats de la FTQ ont gain de cause, mais deux ans plus tard, la sentence arbitrale du juge Alan B. Gold propose alors de remplacer ces bureaux par des centres de main-d'œuvre gouvernementaux.

> Les bureaux de placement syndicaux, écrit alors la FTQ, sont le produit d'un long développement dans l'industrie de la construction. Ils sont opérés par des hommes de métier qui connaissent les besoins des employeurs en fait de main-d'œuvre. En matière de placement, ils savent diriger les travailleurs selon leur qualification particulière tout autant que selon les besoins de l'industrie.
>
> Un bureau de placement syndical ne saurait se diriger comme un bureau d'assurance-chômage. Il est irréaliste de croire que même après plusieurs années, les centres de main-d'œuvre puissent assurer le placement…
>
> Pour le salarié de la construction, le bureau de placement est une partie intégrale de son organisation syndicale. Pour l'association ouvrière, le placement est un droit démocratique fondamental[19].

Mis en vigueur en novembre 1970, le jugement Gold est en réalité inapplicable, aucune modification à la réglementation ne réussissant à résoudre les nombreuses difficultés d'application. Les bureaux syndicaux de placement demeurent en place.

Lors des auditions de la commission Cliche, en 1974, seules la FTQ et le Conseil provincial se portent à la défense inconditionnelle des bureaux de placement syndicaux. Résultat : l'Office de la construction du Québec (OCQ) est chargé de mettre sur pied un nouveau service de placement.

Même le ministre du Travail du temps, Jean Cournoyer, se pose certaines questions sur la faisabilité d'un tel projet. C'est notamment le cas lors des audiences du 23 juin 1975 de la Commission permanente du travail, de la main-d'œuvre et de l'immigration qui étudie le rapport Cliche.

> Je pense bien, dit-il, que vous allez comprendre qu'il y a des difficultés techniques de mise en place d'un système de placement. Les tentatives que nous avions faites en 1970 se sont soldées, à l'époque, par un certain nombre d'échecs assez coûteux pour le ministère du Travail, en particulier. Il ne faudrait pas répéter le même genre d'échecs en édictant, d'une façon prématurée, des règles strictes que l'office de l'industrie de la construction aurait de la difficulté lui-même à appliquer.

En avril 1976, l'implantation du nouveau système est toujours à l'état de projet, ce qui provoque la colère patronale au sein de la Corporation des maîtres électriciens du Québec. Sous la signature de son directeur général adjoint, Yvon Guilbault, cette dernière s'adresse à Réal Mireault, président de l'OCQ, pour que l'OCQ agisse promptement, qu'elle interdise aux syndicats d'effectuer du placement de salariés et qu'elle dénonce à l'assurance-chômage tout salarié disponible qui refuserait du travail.

La FIPOE déclare alors que le placement des ouvriers en électricité, qui fait partie intégrante des services syndicaux depuis le début du siècle, doit se faire exclusivement par son entremise. Pas question que les gars aillent s'asseoir des semaines et des mois sur les bancs des salles d'attente des employeurs, pas question de revenir à un système où les entrepreneurs auront la liberté de choisir les plus forts, les plus grands, les plus jeunes… En témoignent les dires d'un dirigeant de l'Association des entrepreneurs en

19. Mémoire de 1970 présenté par la FTQ à la suite du dépôt du rapport du juge Gold. Archives de Henri Gagnon, Université du Québec à Montréal, pièce 54P4a/4.

construction, Frank Fava, pour qui, « si ça continue, on va se ramasser avec un club de l'âge d'or », faisant référence aux statuts d'ouvriers ayant 50 ans et plus.

Le nouveau système de placement rend perplexe le directeur général de la FIPOE, Roland Fiset :

> Comment des fonctionnaires qui ont été formés pour remplir des fonctions se rattachant à la bureaucratie peuvent-ils être en mesure de donner un emploi approprié à la compétence d'un travailleur sans en connaître les implications du métier proprement dit ? (*FIPOE*, mai 1976)

Le nouveau système est loin d'être fonctionnel au moment où, le 15 novembre 1976, le gouvernement du Parti québécois est porté au pouvoir, avec à sa tête René Lévesque. C'est le député Chevrette qui, à titre d'adjoint parlementaire au ministre du Travail, Jacques Couture, s'occupe de la question du placement. À la mi-janvier 1977, ce dernier affirme que le placement n'est pas l'affaire des bureaux syndicaux. Les réactions sont musclées. L'OCQ présente néanmoins une nouvelle façon de faire, qui entre en vigueur en juillet 1978.

Cette nouvelle façon introduit un nouveau système de classification qui, sans entrer dans les détails, comporte une série de mesures permettant entre autres à l'OCQ de superviser le placement.

La FIPOE dénonce l'ingérence gouvernementale dans les affaires habituelles du syndicat : formation professionnelle, sécurité sur les chantiers, mise en application du décret, perception des cotisations syndicales, etc. Et ce qu'elle craint encore plus, c'est la possibilité donnée aux employeurs d'amener leurs travailleurs avec eux sur les chantiers, partout au Québec. « Un chantier peut se construire en face de chez vous et des électriciens d'une autre région effectuent les travaux pendant que vous êtes en chômage », peut-on lire dans le numéro de *FIPOE* de juin 1978.

Le nouveau système de placement n'arrive pas à s'implanter, même après plusieurs tentatives de modifications au cours des années 1970 et 1980. Les bureaux syndicaux de placement ont ainsi poursuivi leur travail sans trop d'embêtement, jusqu'à l'adoption du projet de loi 33, en 2011, sous le nom de Loi éliminant le placement syndical et visant l'amélioration du fonctionnement de l'industrie de la construction.

Entre-temps, en mai 2005, le rapport d'enquête sur la Gaspesia était on ne peut plus clair :

> Certains ont proposé l'abolition des bureaux de placement syndicaux (BPS) pour les remplacer par un système de référence géré par la CCQ ou par un bureau de placement indépendant à être créé. L'expérience des 30 dernières années démontre clairement que l'abolition des BPS est illusoire en pratique. [...]
>
> [...] la CCQ ne possède pas toute l'information nécessaire pour gérer un système de référence efficace. Le travailleur qu'elle veut référer possède-t-il la spécialité demandée par l'entrepreneur ? Par exemple, il peut être un charpentier-menuisier compétent, mais est-il un charpentier-menuisier de coffrage, de finition, d'escalier, etc. ? Dans quel secteur travaille-t-il[20] ?

Coup de semonce

Comme on l'a vu, le gouvernement libéral de Jean Charest a décidé de porter le grand coup en décembre 2011 en donnant à la CCQ la responsabilité du placement de la main-d'œuvre.

Mis en place en septembre 2013, le nouveau système de référence de main-d'œuvre, administré par la CCQ, est encore loin, au moment d'écrire ces lignes, d'avoir fait ses preuves.

Voici les commentaires du directeur général de la FIPOE, le confrère Arnold Guérin, lors du congrès de la Fraternité à l'automne 2015 :

> Au moment où je vous parle, 2014 a été la première année où l'on pouvait observer, sur 12 mois consécutifs, les effets du nouveau système. On peut dire, et on n'est pas surpris des résultats, que la grande majorité des embauches a été faite directement par les employeurs, à 85 %, comme c'était le cas avant l'adoption de la loi 33.

20. Jean-Claude Picard, *Rapport d'enquête sur les dépassements de coûts et de délais du chantier de la Société Papiers Gaspésia de Chandler - « Précipitation est mère du regret »*, mai 2005, p. 222-223.

De plus, le niveau de non-conformité des employeurs a été plus élevé en 2014 que la moyenne de la période 2011-2013 et le nombre de déclarations de besoin de main-d'œuvre, lui, a diminué.

On nous avait aussi dit que tout se ferait en temps réel… Or, les renseignements fournis dans les rapports mensuels des employeurs sont traités seulement 45 jours après la fin du mois! Ce qui fait que les données sur les embauches et les mises à pied sont continuellement en retard.

Et quand on sait que les listes de la CCQ comprennent des candidats qui sont déjà en emploi et donc non disponibles, on peut avoir des doutes sur l'efficacité du système!

Finalement, selon la CCQ elle-même, personne n'est capable de dire s'il y a eu un impact sur la soi-disant intimidation sur les chantiers, l'un des objectifs de la Loi.

Bref, on ne peut pas tirer aujourd'hui un bilan vraiment concluant du nouveau système. On peut même se demander si le jeu en valait la chandelle. […]

D'une pierre, deux coups : éliminer le monopole syndical

Le 2 décembre 2011, quelques minutes après le vote abolissant le placement syndical, Radio-Canada résumait bien l'état d'esprit de la ministre Thériault :

> Mme Thériault affirme que la nouvelle loi redonnera aux ouvriers la possibilité de jouir pleinement de leur droit du travail, en leur permettant de travailler librement, dit-elle, mais aussi dans la région de leur choix. Elle souligne également que la loi permettra le libre choix d'un syndicat en éliminant le monopole que détenaient la FTQ-Construction et le CPQMC sur le placement syndical. Lise Thériault croit aussi que l'employeur retrouvera son pouvoir d'embaucher en fonction de ses besoins.

Il n'en faut pas beaucoup plus pour comprendre que la ministre entend fermer les yeux sur le travail au noir en laissant les travailleurs travailler librement là où ils le veulent, peu importe la réglementation sur l'embauche régionale prioritaire, et en laissant aux employeurs la liberté d'embaucher qui ils veulent, les plus jeunes, les plus forts, les plus dociles, les moins exigeants sur le plan des conditions de travail…

Lors de la période de maraudage qui suit l'adoption du projet de loi 33, en 2012, la FIPOE et les autres syndicats de la FTQ-Construction se battront pour contrer l'un des souhaits les plus chers de la ministre : diminuer le taux de représentation de la FTQ-Construction. La ministre, de plus, est convaincue naïvement qu'un vote d'allégeance par la poste indiquera la porte à la FTQ-Construction.

Le directeur général, Arnold Guérin, exhorte ses troupes à convaincre les travailleurs et les travailleuses de mettre tout en œuvre pour assurer la victoire de la FTQ-Construction.

> Je demande à tous les convaincus de parler au nom de la FIPOE c'est sûr, mais ayez à l'esprit que le vote se fait au nom de la FTQ-Construction, et que la FTQ-Construction, c'est 17 syndicats affiliés. Parlez aux personnes qui occupent d'autres métiers et d'autres occupations, faites connaître la FTQ-Construction ! (*FIPOE*, hiver 2011)

Véritable croc-en-jambe, le résultat du vote de 2012 a de quoi accabler la ministre : la CSN, qui l'a appuyée dans son initiative, perd 12 % de ses membres… et la FTQ-Construction en gagne!

C'est toute une victoire, lorsqu'on songe à la tempête médiatique qui s'est abattue sur la FTQ-Construction et qui s'est poursuivie avec les travaux de la commission Charbonneau.

À la suite du maraudage de 2016, la représentation de la FTQ-Construction demeure pratiquement identique, alors qu'une fois de plus, la CSN et la CSD perdent passablement de plumes. Seul le Syndicat québécois de la construction réussit à gagner quelque 5 000 membres, devenant ainsi la troisième organisation en importance, derrière la FTQ et le Conseil provincial. Quelles que soient les raisons qui expliquent cette remontée du SQC, rien n'enlève au fait que la FTQ-Construction fait du surplace et qu'il faudra sans doute qu'elle fasse des efforts supplémentaires pour faire connaître et reconnaître sa véritable spécificité sur tous les plans, de la défense des intérêts syndicaux de ses membres jusqu'à son implication dans les grands

Arnold Guérin, alors directeur général et secrétaire financier de la FIPOE, ainsi que président de la FTQ-Construction. Photothèque FTQ, Jacques Nadeau.

enjeux sociaux et son rôle dans la construction du Québec.

Ne pas jouer à l'autruche

La campagne médiatique contre la FTQ-Construction a commencé au printemps 2009, avec une série d'allégations, allant de factures falsifiées de dépenses de représentation syndicale jusqu'à l'existence de liens de certains dirigeants syndicaux avec le crime organisé, en passant par des amitiés embarrassantes avec de grands entrepreneurs de la construction, la tenue d'élections truquées, la participation à des soirées somptueuses et à des voyages de luxe.

Martelée sans relâche, cette campagne réussit à semer des graines de discorde à l'intérieur des 17 syndicats affiliés, à un point où, en mai 2010, le président de la FTQ, Michel Arsenault, demande à l'ex-président Henri Massé – qui a quitté ses fonctions au congrès de 2007 pour prendre sa retraite – de revenir au boulot à titre de conseiller spécial pour tenter d'éteindre les feux et de rétablir l'harmonie au sein de la FTQ-Construction. Déjà, à l'été 2010, les querelles internes commencent à se calmer.

À la FIPOE, c'est Arnold Guérin qui est au gouvernail, à titre de directeur général et secrétaire financier. Dans son premier billet dans le journal *FIPOE*, paru à l'hiver 2010, on peut lire :

> Tout au long de l'année, nous avons aussi été constamment harcelés par le battage médiatique sur l'industrie de la construction. Nous avons assisté à de véritables campagnes de « salissage » où l'on mêlait tout, mettant dans le même sac des malversations véritables et des allégations totalement fausses.
>
> Malgré tout cela, nous ne nous laisserons pas détourner de notre seul et unique mandat, qui est de défendre au quotidien les intérêts de nos membres, et cela se fait sur les chantiers. C'est en tout cas l'engagement que je prends envers vous. Je suis d'autant plus déterminé et encouragé à le faire, que je sais que vous travaillez chaque jour dans le même sens. [...]

Au congrès de mai 2011 de la FTQ-Construction, Arnold Guérin, président par intérim à la suite du départ de Jean Lavallée, explique qu'il ne faut pas jouer à l'autruche et que, comme le dit l'adage, qui dit la vérité ne risque pas de se tromper.

> Il serait dangereux de nous mettre la tête dans le sable et de refuser de voir les erreurs que nous avons commises. Si nous avons été collectivement salis sur la place publique, ce n'est pas uniquement par la malice de certains journalistes. Il y a eu des chicanes internes, des magouilles et des coups bas au sein de notre mouvement. Tout cela a donné des armes à ceux qui voulaient nous détruire.
>
> En assumant la présidence de la FTQ-Construction, je me suis engagé à consacrer tous mes efforts à restaurer l'unité de notre mouvement. Nous en avons un besoin urgent, parce qu'on ne nous fera pas de cadeau au cours des prochains mois. [...]

Bien évidemment, le déclenchement du printemps érable, en 2012, a éclipsé passablement les projecteurs, ce qui permet à la FTQ-Construction, pendant ce temps, de replacer les choses. L'unité est à nouveau au rendez-vous.

La commission Charbonneau : quand l'éléphant accouche d'une souris

Mais entre-temps, la commission Charbonneau a été mise sur pied et elle commence ses audiences en mai 2012. Si elle a pour mandat d'étudier la question de l'octroi et de la gestion des contrats publics dans l'industrie de la construction, en lien avec le financement des partis politiques, on doit constater qu'elle passe une grande partie de son temps à ternir la réputation de certains dirigeants de la FTQ-Construction, de la FTQ et du Fonds de solidarité de la FTQ et à dénigrer le rôle indispensable que ces organisations ont joué et jouent encore dans la société québécoise.

> Avec quelques personnes qui sont allées à la commission répandre toutes sortes de menteries et déblatérer sur la FTQ-Construction, la commission a laissé croire que l'ensemble de la FTQ et de la FTQ-Construction étaient liées au crime organisé et qu'elles méprisaient leurs membres. Même le Fonds de solidarité de la FTQ y est passé. La décision de Michel Arsenault de ne pas solliciter de mandat lors du dernier congrès de la FTQ montre à quel point on a fait monter la pression.
>
> Personne d'autre que la FTQ et la FTQ-Construction n'a eu de traitement similaire, pendant plus de cinq mois ! Très peu sur le financement des partis politiques, alors que c'est intimement lié à la collusion et à la corruption. Très peu, sinon rien, sur les firmes d'ingénieurs ou les firmes informatiques qui ont beaucoup à voir avec l'octroi des contrats publics.

On pourrait ajouter à ces paroles d'Arnold Guérin le fait que la commissaire Charbonneau s'excuse quasiment, en juin 2014, devant l'ex-ministre Normandeau, pour l'avoir fait témoigner. Ironie du sort, l'ex-ministre est arrêtée le 18 mars 2016 par l'Unité permanente anticorruption (UPAC) et elle doit répondre à des accusations de complot, de corruption, de fraude et d'abus de confiance. L'affaire est toujours en cours.

Et pour faire une histoire courte, rappelons qu'après quatre ans d'enquête et 44,8 millions de dollars, le rapport de 1 741 pages de la commission Charbonneau est loin d'avoir fait rouler la tête des vrais coupables de la collusion et de la corruption dans l'industrie de la construction, ni celle de leurs amis politiques. Les piliers du crime organisé ont-ils été ébranlés pour la peine ? Poser la question, c'est y répondre...

Bref, l'éléphant a accouché d'une souris...

Les derniers développements

Revenons maintenant au printemps 2013, alors que s'amorce le début des travaux pour le renouvellement des conventions collectives. La FTQ-Construction est à la table de négociation et veut faire reconnaître le poids de son taux de représentativité aux diverses tables de négociation. Pour y arriver, elle doit toutefois recourir à l'arbitrage et elle a gain de cause !

Alors que les libéraux ont été battus dans l'élection déclenchée dans la foulée des manifestations étudiantes du printemps érable, cette ronde de négociations se déroule alors que le gouvernement minoritaire de Pauline Marois est aux commandes. Commencées le 20 mars 2013, les négociations se terminent abruptement le 29 juin, avec l'adoption d'une loi spéciale ordonnant le retour au travail dans les secteurs institutionnnel/commercial et industriel, à la suite du déclenchement, le 17 juin, d'une grève générale. Le 24 juin, une entente était intervenue dans le secteur du génie civil et de la voirie, puis le lendemain, dans le secteur résidentiel. La loi spéciale du 29 juin donne aux parties un an pour en arriver à une entente.

Un an plus tard, force est de constater que les associations patronales dressent le même mur face aux demandes syndicales, en conservant des positions identiques à celles de 2013.

Malgré l'opposition de la FTQ-Construction, une entente intervient au début de juillet 2014. Sur recommandation de leurs représentants, les membres des syndicats FTQ rejettent l'entente à plus de 95 % des voix. Mais compte tenu des nouvelles règles, il suffit de l'accord de trois organisations pour que les nouvelles conditions de travail s'appliquent à l'ensemble de l'industrie. De nouvelles règles… antidémocratiques !

La négociation subséquente, en 2017, s'est déroulée dans une plus grande unité syndicale, au sein de l'Alliance syndicale. Elle s'est soldée par des ententes dans les secteurs du génie civil et de la voirie de même que dans le résidentiel, alors que le litige, pour les secteurs institutionnel, industriel/commercial était livré à un conseil d'arbitrage, concernant la question salariale exclusivement.

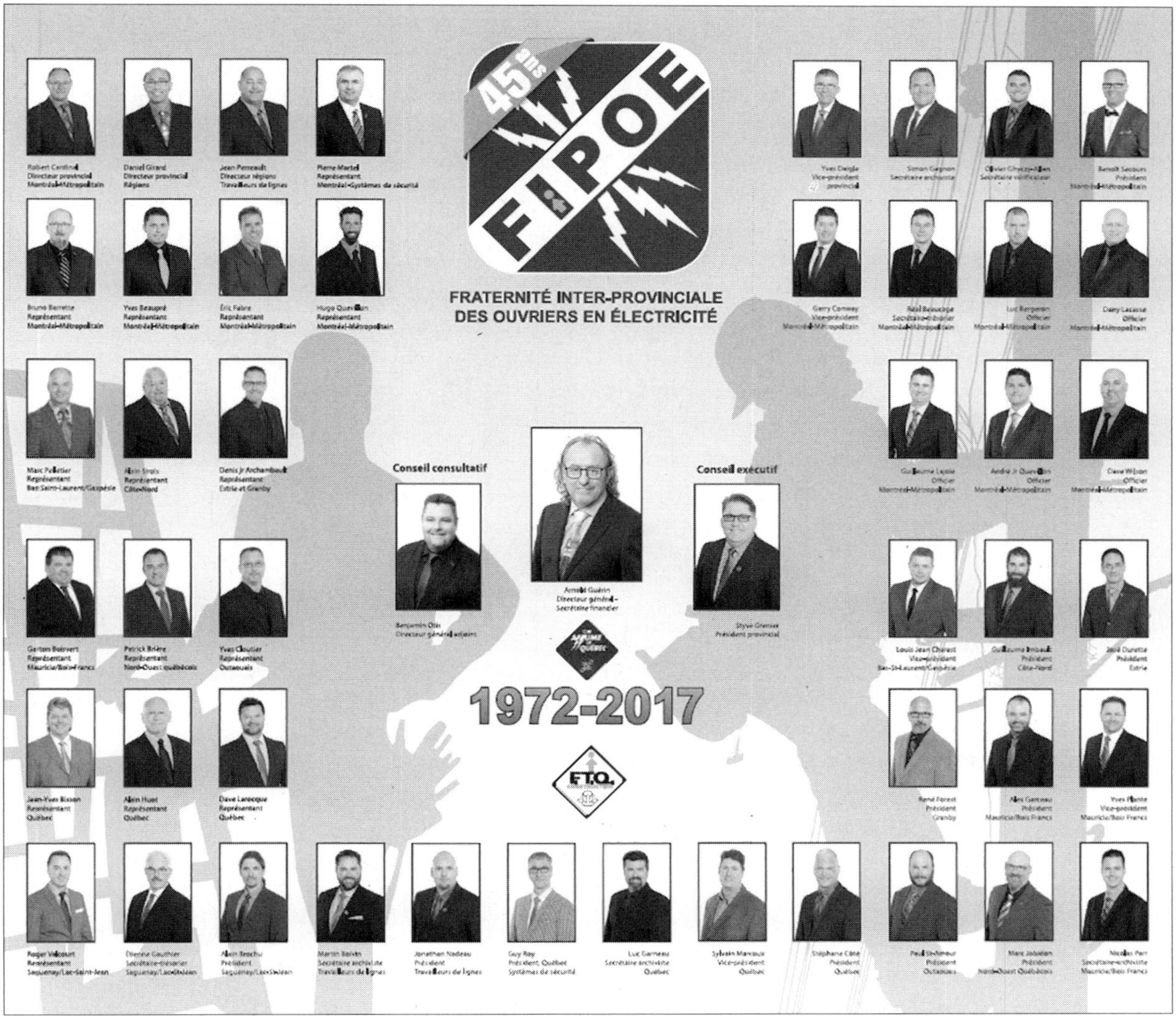

Grève générale

Le processus de négociation n'aura pas été de tout repos, avec, à chaque étape, des obstacles érigés par la partie patronale. C'est ainsi qu'après les multiples efforts fournis par la partie syndicale, la grève générale a dû être déclenchée le 24 mai 2017.

L'Alliance syndicale a manifesté sa bonne foi en répondant positivement aux demandes de la ministre du Travail Dominique Vien d'établir un calendrier de travail et un plan d'action. En vain.

Malgré toutes les rencontres, malgré toutes les mascarades de la partie patronale des secteurs institutionnel/commercial et industriel pour faire croire à sa « bonne volonté », cette dernière est constamment revenue à la charge avec ses positions initiales, indéfendables, inexplicables.

Benjamin Otis, porte-parole pour les secteurs institutionnel/commercial et industriel, ainsi qu'Arnold Guérin, porte-parole de la table commune, n'ont pas ménagé leurs énergies, mais force a été de constater que la partie patronale, par la voix de l'ACQ allait poursuivre la ligne dure.

Pour le gouvernement, l'issue du litige signifiait le dépôt d'une loi spéciale forçant le retour au travail, adoptée le 29 mai par 76 députés contre 21.

> Ce qu'il faut retenir de cette négociation, c'est que nous n'avons plus le droit de dire NON à des demandes patronales inacceptables et que le gouvernement peut se complaire à brimer notre droit de grève, un droit pourtant fondamental et constitutionnel, par un simple dépôt de loi spéciale.

Telle est la conclusion que tire Arnold Guérin de cette expérience. Le conseil d'arbitrage a rendu sa décision le 19 mars 2018 et fixé les augmentations salariales à 2,1 % par année, jusqu'en avril 2020. Une sentence somme toute satisfaisante pour la partie syndicale.

Photographie prise lors de la grève de mai 2017 alors que les ouvriers ont accroché leurs bottines. Photothèque FTQ, Éric Demers.

Le mot de la fin

NOUS VOICI AU BOUT DE LA ROUTE.

S'il est vrai que la rupture de la FIPOE avec le syndicalisme américain s'explique en grande partie par le conflit qui a opposé les représentants québécois à la grande direction internationale sur les règles de cotisation et l'adhésion obligatoire au régime de pension américain, on a vu, tout au long de ce parcours historique, combien la question de la langue a pris une importance décisive et combien s'est fait sentir, de plus en plus, le besoin d'indépendance et d'autonomie d'une organisation par rapport au syndicalisme international, particulièrement le pouvoir de choisir sa propre direction au Canada.

Il n'est pas exagéré de dire que l'évolution de la section locale s'est inscrite directement dans l'évolution même du Québec et dans ce qui a commencé, au milieu du 20ᵉ siècle, à le distinguer comme nation.

L'affirmation du Québec a certes pris différentes formes tout au cours de son histoire, mais il est incontestable qu'un cours nouveau a été pris au moment de la Révolution tranquille, qui lui a permis de développer non seulement ses valeurs propres, mais aussi les instruments nécessaires à l'exercice de son pouvoir politique et économique. La Société générale de financement, la nationalisation de l'électricité et le développement d'Hydro-Québec, la Régie des rentes du Québec, la Caisse de dépôt et placement du Québec, etc. font partie de cette batterie d'instruments qui ont fait du Québec une nation distincte. Tout comme l'existence d'un régime public de santé et d'assurance-maladie, l'établissement d'un système public d'éducation, le développement d'une politique culturelle propre au Québec, avec le français comme langue officielle.

Dans le domaine des relations de travail, cette transformation a trouvé un écho dans la reconnaissance pleine et entière des droits du travail, comme le droit d'association et de négociation dans les secteurs public et parapublic, l'instauration d'une réglementation dans la santé et la sécurité du travail, la formation professionnelle, etc.

L'adoption du Code du travail, en imposant la primauté de la législation québécoise sur toute autre législation, bloquait frontalement les essieux de la législation américaine qui régissait les syndicats affiliés au syndicalisme international.

L'obligation, pour les organisations syndicales de l'industrie de la construction, de s'affilier à l'une ou l'autre des grandes centrales du Québec, la FTQ et la CSN, allait également changer les règles du jeu.

Un tel contexte, on le comprendra aisément, a facilité la mutation au sein des sections locales québécoises affiliées aux unions internationales, certaines cherchant davantage d'autonomie et voulant porter clairement des couleurs authentiquement québécoises.

La FTQ elle-même voulait voir le CTC s'affirmer comme une véritable centrale syndicale canadienne, de la même manière qu'elle voulait que les syndicats québécois s'affranchissent face au CTC. La FTQ gagnera cette bataille au congrès du CTC de 1974, en obtenant le transfert de juridictions, de pouvoirs et de ressources financières afin d'assurer une meilleure autonomie des syndicats québécois et en redéfinissant leurs liens avec les syndicats canadiens et nord-américains.

Plusieurs syndicats ont ainsi été amenés à quitter le bateau du syndicalisme américain : les opérateurs de machinerie lourde, les monteurs de lignes, les plombiers et les charpentiers, mais aussi les travailleurs du textile, de l'industrie chimique et du papier…

La plupart des syndicats avaient cependant maintenu une double affiliation. Les électriciens et les monteurs de lignes sont les seuls à avoir formé des organisations purement québécoises. Leur expulsion du Conseil provincial, en 1979, aura été l'étincelle qui a vu naître, en bonne et due forme, la FTQ-Construction.

On ne remerciera jamais assez ces quelques militants qui en ont eu assez d'une structure qui les étouffait et qui aspiraient à une nouvelle démocratie et à un syndicalisme correspondant davantage aux valeurs québécoises.

Surtout, on ne manquera pas de signaler la FIPOE comme une organisation qui a connu un succès inégalé. Avec les autres syndicats de la FTQ-Construction, elle a ainsi réussi à gagner la bataille pour l'uniformisation des salaires et des conditions de travail dans toutes les régions du Québec. Elle a réussi à négocier des régimes de retraite et d'assurances sans égal en Amérique du Nord. Elle a contribué à l'instauration d'un système d'apprentissage et de formation professionnelle qui fait de la main-d'œuvre du Québec une médaillée d'or au chapitre des qualifications et des compétences. Elle a su joindre la force de ses membres à toutes les grandes batailles sociales qui ont traversé le 20e siècle jusqu'à aujourd'hui.

La création de la FIPOE, c'est l'affranchissement de la section locale 568. Ceux qui ont mis au monde la FIPOE étaient ceux-là mêmes qui ont fait vivre la section locale. Ce sont eux qui ont défendu le français comme langue de travail et de militantisme, réclamé le respect de l'autonomie et de la démocratie et surtout, pris la défense quotidienne de ses membres sur tous les chantiers et dans toutes les régions du Québec.

La FIPOE dit merci à tous les militants et à toutes les militantes qui ont pris part à sa construction, à tous ceux et celles qui, par leur participation, leur mobilisation et leur détermination, ont fait de la FIPOE une organisation sans égal.

Un avenir prometteur attend la FIPOE. De nouvelles luttes surgiront, de nouveaux enjeux se définiront et certaines batailles actuelles prendront de nouvelles tournures.

Le placement syndical restera ainsi l'un des enjeux qui continuera de traverser l'histoire de la FIPOE. Tout comme, d'ailleurs, la bataille pour la santé et la sécurité du travail partout, sur tous les chantiers, grands et petits. Tout comme, également, la lutte sans relâche contre le travail au noir.

Les luttes menées par le passé et les victoires qu'elle a célébrées nous apportent une certitude : la FIPOE mettra toutes ses énergies à gagner les batailles qu'elle aura engagées.

Ce n'est qu'une question de temps. D'ici là, la vie de la FIPOE et de ses membres poursuivra sa route et, dans quelques années, on se chargera de transcrire d'autres grands moments de cette aventure qui ne connaîtra sans doute jamais de fin...

L'histoire de la FIPOE – et celle de la section locale 568 qui l'a précédée – n'a pas eu beaucoup d'écho public et les manuels d'histoire syndicale lui accordent trop peu de place. Ce livre montre toutefois que l'histoire de la FIPOE a été déterminante dans l'évolution des relations de travail dans l'industrie de la construction. Puisse-t-il contribuer à susciter l'intérêt des ouvriers en électricité pour leur passé syndical.

20e Anniversaire

Labatt
Bleu

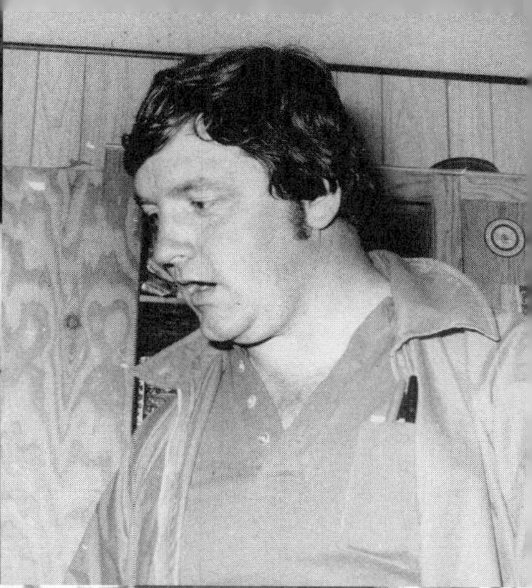

FTQ
FTQ
FTQ
FTQ
FTQ
CE N'EST QU'UN DEBUT
LOCAL 791
Taxi
Sécurité
FRATERNITE NATIONALE

FIPOE

CLUB SOCIAL ET SPORTIF

Fraternité Inter-Provinciale
F.I.P.O.E.
Fraternité Inter-Provinciale
F.I.P.O.E.

CADDY
Fraternité Inter-Provinciale
Ouvriers en Électricité
F.I.P.O.E.

TOURNOI DE GOLF
Électriciens
F.I.P.O.E.
20/août/77
St-Basile

COMITÉ SPORTIF
FIPOE
LAURENTIDES / LANAUDIÈRE

Des jeunes au courant
ÉQUIPE ACTION
F.I.P.O.E
JEUNESSE
ÉQUIPE ACTION
F.I.P.O.E
JEUNESSE

FRATERNITE INTER-PROVINC
DES OUVRIERS EN ÉLECTR
F.T.Q.-Q.F.L.
BIENVENUE

Remerciements

Lorsque j'ai accepté, à l'été 2014, l'invitation de la Fraternité interprovinciale des ouvriers en électricité de rédiger son histoire, je croyais sincèrement pouvoir m'acquitter de cette tâche en quelques mois.

Ce n'est finalement que trois ans plus tard que j'ai pu voir la lumière au bout du tunnel. Comme vous avez pu le lire dans l'introduction, la documentation relative à l'histoire des ouvriers en électricité du Québec ne brille pas par son abondance. J'avais sous-estimé l'ampleur de la recherche, j'ai dû reporter certaines rencontres planifiées et les délais obligés pour la parution du livre ont été plus longs que ceux que j'avais imaginés.

Une chose est certaine : sans la coopération et la collaboration d'amis, d'ex-collègues et de membres de la FIPOE, ce livre serait encore en gestation.

Je tiens donc à remercier du fond du cœur ces précieuses personnes, dans l'ordre habituel : Michel et Virginie Audet, Claire Belleau, Robert Demers, Paul Drouin, Louis Gill, Arnold Guérin, Yan Larivière, Jean et Nicole Lavallée, André Leclerc, Pierre Lecompte, Henri Massé et Louis Simard.

Des remerciements particuliers à l'équipe du service des communications de la FTQ, au personnel des services d'archives d'Hydro-Québec et de la Ville de Montréal, ainsi qu'aux représentants régionaux de la FIPOE pour la recherche photographique.

Ces remerciements ne seraient pas complets sans une mention généreuse à l'endroit de la maison d'édition Septentrion, notamment de Madame Marie-Michèle Rheault, de Monsieur Gilles Herman et de l'équipe technique.

Monique Audet

Bibliographie

Balleux, André. « Les filières de formation professionnelle par apprentissage au Québec : état de la situation et enjeux de l'évolution actuelle », *La Revue canadienne pour l'étude de l'éducation des adultes*, 2000, texte PDF.

Boudreau, Émile, Évelyn Dumas et Léo Roback. *L'histoire de la FTQ – Des tout débuts jusqu'en 1965*, Montréal, Fédération des travailleurs et travailleuses du Québec, 1988, 384 p.

Charest, Jean. *Les fonds de formation dans l'industrie de la construction : état des lieux et enjeux*, Rapport remis à la ministre du travail Lise Thériault, Montréal, mai 2011, texte PDF.

Cholette, Caroline et Caroline Rouleau. *L'aventure de l'électricité, 1880-1963*, Québec, Les Publications du Québec, 2009, 204 p.

Conseil des travailleuses et travailleurs du Montréal métropolitain. *Cent ans de solidarité – Histoire du CTM 1886-1986*, Montréal, VLB éditeur, Études québécoises, 1987, 150 p.

FIPOE. Archives, procès-verbaux et journaux, 1972-2015.

Fleury, Jean-Louis. *Les Coureurs de lignes, L'histoire du transport de l'électricité au Québec*, Montréal, Éditions Stanké, 1999, 507 p.

Fournier, Louis. *Louis Laberge, le syndicalisme c'est ma vie*, Montréal, Québec-Amérique, 1992, 418 p.

Gagnon, Henri. Archives, Université du Québec à Montréal

Hébert, Gérald. « La négociation sectorielle par décision de l'État : le cas de la construction au Québec », *Relations industrielles*, Presses Élite, vol. 26, n° 1, 12 octobre 1977, texte PDF.

Hogue, Clarence, André Bolduc et Daniel Larouche. *Québec, un siècle d'électricité*, Libre Expression, 1979, 381 p.

Hydro-Québec. *Histoire de l'électricité au Québec*, site spécialisé, série « Chronologie », à compter de 1878, site Internet d'Hydro-Québec.

International Brotherhood of Electrical Workers. Site Internet, archives des journaux mensuels de 1893 à 1973.

Leclerc, André et Fernand Daoust. *Fernand Daoust 02 : Bâtisseur de la FTQ, 1964-1993*, M Éditeur, 2016.

Leclerc, Claudine et Jean Sexton. *La sécurité d'emploi dans l'industrie de la construction au Québec, un rêve impossible ?*, collection « Relations du travail », Québec, Université Laval, Les Presses de l'Université Laval, 1983, 275 p.

Lipton, Charles. *Histoire du syndicalisme au Canada et au Québec, 1827-1959*, traduction de Michel Van Schendel, Parti pris ouvrier n° 4, Montréal, 1976, 1979, 500 p.

Mireault, Réal. *Rapport du comité de travail sur la machinerie de production*, Rapport remis au ministre du Travail Sam Hamad, Québec, 2 août 2010, texte PDF.

Rouillard, Jacques. *Histoire du syndicalisme québécois*, Montréal, Éditions du Boréal, 1989, 535 p.

Section locale 1500, Syndicat canadien de la fonction publique. *Une histoire de lutte…*, site Internet.

Sexton, Jean. *Rapport du Groupe de travail des partenaires de l'industrie de la construction sur la machinerie de production*, présenté au ministre du Travail Sam Hamad, Québec, 26 février 2010, texte PDF.

L'auteure a également lu et consulté de nombreux rapports de commissions, verbatim de commissions parlementaires et articles de journaux.

Table des matières